From the library

SOPHENE

Published by Sophene 2023

The *History of the Vartanants Saints* was
translated into English by Beyon Miloyan in 2023.
This edition is Volume II of II.

www.sophenebooks.com
www.sophenearmenianlibrary.com

ISBN-13: 978-1-925937-84-8

ԵՂԻՇԷԻ

ՊԱՏՄՈՒԹԻՒՆ
ՍՐԲՈՑՆ
ՎԱՐԴԱՆԱՆՑՆ

ՀԱՏՈՐ Բ.

ՏՊԱՐԱՆ
ԾՈՓՔ
Լոս Անճելըս

YEGHISHE

HISTORY

OF THE

VARTANANTS
SAINTS

IN TWO VOLUMES OF CLASSICAL ARMENIAN
WITH AN ENGLISH TRANSLATION BY
BEYON MILOYAN

VOLUME II

SOPHENE BOOKS
LOS ANGELES

To my beloved grandparents,
Noubar and Marie Agopian.

GLOSSARY

Avag (աւագ) refers to a chief, noble or senior official.

Azg (ազգ) refers to a nation, people, generation or kin.

Azat (ազատ), a member of the Armenian nobility (lit. free), ranking below naxarars.

Dayeak (դայեկ), nurse, guardian or preceptor (see "dayeakutiwn" in Encyclopedia Iranica).

Hambarakabed (համբարակապետ), quartermaster (Sasanian).

Handerdzabed (հանդերձապետ), a Sasanian administrative title referring to a chief adviser (see "andarzbad" in Encyclopedia Iranica).

Hazarbed (հազարապետ), a title for a high official of the Sasanian state, lit. "chief of a thousand" (but see "hazarbed" in Encylopedia Iranica).

Magus (մոգ), a Zoroastrian priest.

Marzban (մարզպան), a Sasanian administrative title that refers to a governor or military commander of a border province.

Maybed (մայպետ), chief of inner chambers.

Mogbed (մոգպետ), a high-ranking magus.

Movpetan Movpet (մովպետան մովպետ), the highest-ranking mogbed.

Nahatak (նահատակ), a martyr, warrior or hero.

Nakharar (նախարար), a hereditary class of Armenian feudal lords and the highest ranking noble (see "Naxarar" in the Encyclopedia Iranica).

Pshtipan (փշտիպան), a bodyguard.

San (սան), a pupil or adopted child (see "Dayteakutiwn" in Encyclopedia Iranica).

Sepuh (սեպուհ), a junior class of Armenian nobility.

Sparapet (սպարապետ), the commander-in-chief of the Armenian army (a hereditary position).

Tohm (տոհմ), a family, tribe, lineage or clan.

Vardapet (վարդապետ), a high-ranking and learned member of Armenian clergy.

TRANSLATOR'S PREFACE

The *History of the Vartanants Saints* is a major source for the Battle of Avarayr, its causes and aftermath. The History covers the thirty-six-year period from AD 428 to 464 in seven chapters. Volume I contains the first four chapters and covers the period from the fall of the Armenian Arsacid dynasty (428 AD) to the events that led to the Battle of Avarayr (451). Volume II covers the period from the Battle of Avarayr to its aftermath in 464. But Yeghishe's *History* is otherwise an account of the Vartanants and Ghevontiants saints who were martyred in the war.

Volume I was initially published under the title *History of Vartan and the Armenian War* («Վասն Վարդանայ եւ Հայոց Պատերազմին»), first ascribed to the book by the Mkhitarist Fathers in the 19th century, and later popularized by Ter-Minasyan's 1957 critical edition.[1] With the completion of Volume II, I amended the title of my translation to the *History of the Vartanants Saints* («Պատմութիւն Սրբոցն Վարդանանցն»), the earliest known title of the book as recorded in Kirakos Gandzakets'i's *History of the Armenians*.[2] This change is not merely a reversion to an earlier title, but also an attempt to capture the spirit of the book more accurately, as Yeghishe was, in the first instance, writing a history, martyrology and panegyric of saints. Thus, whereas only a few pages of the book deal with the Battle of Avarayr, pages upon pages are devoted to portraying saintly acts of virtue, both individual and collective. This is not to downplay the political and military aspects of Yeghishe's *History,* but to emphasize that the distinguishing feature of Yeghishe's collective(s)—be it the nation, its soldiers, princes or clergy—is that they are composed of individuals united by covenant (ուխտ) in a spirit of Christian brotherhood, and not merely on the basis of secular-national bonds.

Little is known about the life of Yeghishe, though a corpus of works attributed to him has survived. Only some of these bear the same distinct style in which the *History of the Vartanants Saints* was composed.[3] His elaborate prose and profound theology indicate he was a *vartabed*, and perhaps also a bishop, and his essay on monastic life indicates that he joined the cloister, probably later in life. There is one reference in our *History* to a Yeghisha, bishop of Amatunik,[a] which Yeghishe does not identify as himself but which some readers have surmised to be a reference to our author. If true, then Yeghishe would have been an eyewitness of the events he was reporting as he himself states in three instances:

> *"Behold, it is not willingly that we describe, with tearful laments, the many blows we received and that we were eyewitness to."*[b]

> *"I myself happened to be there and saw and heard the sound of [the king's] impudent voice."*[c]

> *"As we saw at this time with our own eyes, the same nahatakutyun took place in Armenia."*[d]

Despite these claims, there has been considerable debate about whether Yeghishe was, in fact, a contemporary historian. Though I believe the debate is a moot one, as we cannot rule out that Yeghishe was a contemporary, I briefly address it here. While the earliest known reference to Yeghishe in Armenian literature is by the 10th century historian, Tovma Artsruni, according to whom Yeghishe had been Saint Vartan's scribe, it was not until the 19th century that Yeghishe's status as a contemporary was first called into question, beginning with a series of three articles by Ter-Poghosyan in the 1895 issues of *Handes Amsorya*.[4]

---

a Vol. I, p. 55

b Vol. I, p. 7

c Vol. I, p. 29

d Vol. II, p. 2

Ter-Poghosyan concluded, based on a comparison of several excerpts from Yeghishe's and Ghazar's histories, that despite Yeghishe's claims of being an eyewitness, it was likelier that he had relied on Ghazar's account than vice versa. Now because Ghazar, about whom we have more biographical information, is known to be a later author (as his *History* covers the period 387-485), Ter-Poghosyan implies that Yeghishe was at least a 6th century author. This view was most recently popularized by Robert Thomson,[5] who based his own judgment on a comparison of the original historical information conveyed in the two works, observing that there are only minor differences between them. While these speculations have been fueled by the fact that neither author mentions the other, Ter-Poghosyan's and Thomson's arguments both hinge on the point that Yeghishe's mere claims to being an eyewitness do not amount to solid evidence, and thus we are to treat these as literary embellishments intended to add gravitas to his work.

However Yeghishe's status as an eyewitness is not confined to these two claims, as we see in the following examples:

> *"But although we are not permitted to speak against the ruler [Yazdegerd II], neither can we praise a man who will fight against God."*[e]

> *"This blessed Khuzhik [...] repeated to us in order what took place [...]."*[f]

> *"Yet I cannot count the numbers of the blessed wives of the valiant ones or the prisoners and casualties of the war throughout Armenia because there are many more whom I do not know about than those I do. For there are about five hundred whom I recognize personally, not restricted to the senior ranks, but also many among the junior ranks."*[g]

---

e Vol. I, p. 29.

f Vol II, p. 197.

g Vol. II, p. 237.

The second point may also be viewed by skeptics as support for the notion that Yeghishe copied from Ghazar, as Ghazar recalls the same Khuzhik as an informant ("...*as was accurately learned from the blessed Khuzhik...*" *[Vol. I, p. 287]*),[6] though his later date of authorship makes his having a direct informant unlikely. However, these similarities need not imply that one copied from the other. As Ter-Poghosyan first observed, overlaps between the two works can also be explained by their reliance on common sources. But it should be emphasized that this would not rule out Yeghishe's status as a contemporary (as Ter-Poghosyan went on to claim) inasmuch as a contemporary would be expected to use reference material.

But what these debates have failed to mention is that both Yeghishe and Ghazar had Mamikonian patrons, thus raising the question: If Yeghishe was in fact a later author who copied from Ghazar, was his Mamikonian patron, David, unaware of it? Or should we assume that he instructed Yeghishe to base a whole new history on one part of Ghazar's narrative without a single reference to his *History*? Otherwise, are we to treat Yeghishe's claim to having a Mamikonian patron as yet another fabrication? I do not find these arguments convincing. While it is likely that both Yeghishe and Ghazar shared certain sources, Yeghishe's date of authorship will probably never be verified. Therefore, I am inclined to take Yeghishe at his word.

A final point on this topic is that Yeghishe's *History* does not only overlap with Ghazar's; for example, Yeghishe's account of King Vache of Aghuank's rebellion against Peroz[h] appears almost verbatim in Movses Dasxurants'i's *History of the Aghuans*,[i] which is known to be a later work.[7] To those who question Yeghishe's status as a contemporary, this may be taken to imply that Yeghishe was writing at least after the 7th century, as Nerses Akinean argued (though Akinean was making a more tenuous argument that Yeghishe was not even writing

---

h Vol II, p. 231.

i *History of the Aghuans,* Book I, p. 31.

about Avarayr).

Yeghishe makes one explicit literary reference in his entire work, and that is to the books of the Maccabees. From these books he appears to have borrowed concepts related to martyrdom and holy war that are so central to his own *History*, as well as certain imagery from its Armenian translation.[8] If we take Yeghishe at his word, then the Armenian translation of the Maccabees was already in circulation by the early 5th century, for as he says of St. Vartan, *"having been versed in Holy Scripture from childhood, he took hold of the brave description of the Maccabees and related their proceedings with exuberant words"*.[j] The prominent Maccabean influence on Yeghishe's text, together with other aspects of his work, such as the saints' joyful acceptance of their persecutions and tortures, each individual's considering himself a martyr shrine[k], the emphasis on collecting the saints' relics[l] and establishing memorials in their names[m] are all characteristic of the so-called cult of the saints that was prominent in the 4th-6th century Near East.[9-11] St. Gregory Nazianzen, for example, had begun his homily on the Maccabean martyrs by asking his audience to consider what more the admirable Maccabees might have achieved had they had the benefit of emulating Christ's example. I believe Yeghishe's *History* can be viewed as a response to this question with the example of the Vartanants saints.

The 12th century Catholicos Saint Nerses Shnorhali drew on this same parallel between the Vartanants saints and the Maccabean martyrs in Chapter 6 of his *Lament on [the Fall of] Edessa* («Ողբ Եդեսիոյ»), linking, for the first time, the saints' martyrdom to Armenian national identity:

---

j Vol II, p. 19; according to Koriwn, also, Sahak had been an instructor to the Mamikonians, and to Vartan in particular.

k Vol. I, p. 27.

l Vol. II, p. 141, 191, 197.

m Vol II, p. 245.

Մակաբայեանց նմանէին եւ Վարդանանց պատերազմին,
Միշտ առ միմեանս ձայնէին, աղաղակաւ զայս ասէին.
Մի’ երկիցուք զանգիտելով, եղբա’րք, ի սրոյ մահկանացուին
Եւ ընդ քաջացն արիութիւն մի’ խառնեսցուք զերկիւղ վատին.
Անուն բարեաց ժառանգեսցուք, որ ընթանայ յազգ երկրածին:

The Vartanantz martyrs like the Maccabees entered the fray
Cried out to one another—'Pray!
Fear not the mortal sword, brothers, do not dismay.
Dilute not the force of your brave valor as cowards—ne'er stray;
And bequeath your good name to our nation to stay.'

By the 19th century, Yeghishe's *History* would take on a fully national significance as the Battle of Avarayr came to be seen as a formative moment in the development of a distinctly Armenian national culture. Yeghishe's *History* continues to hold great national significance today and remains a cornerstone of Armenian literature.

The present translation was made from the critical edition of the classical Armenian text by Ter-Minasyan[1] and uses a modification of the Library of Congress transliteration for Eastern Armenian without diacritical marks and with modern Western Armenian transliteration for notable names. For additional bibliography, see Archbishop Levon Zekiyan's *Ełišē as Witness of the Ecclesiology of the Early Armenian Church*,[12] Cyril Toumanoff's *Armenia and Georgia*,[13] and Michael Bonner's outstanding, comprehensive history of the Sasanian empire, *The Last Empire of Iran*.[14]

BIBLIOGRAPHY

1. Ter-Minasyan, E. (1957). *Egishei Vasn Vardanay ew Hayots' Paterazmin.* Erevan.
2. Gandzaketsi, K. (2022). *Kirakos Gandzakets'i's History of the Armenians* (R. Bedrosian, trans.). Sophene.
3. Yeghishe. (1838). *Matenagrutiwnk nakhneats: Srboy Horn Meroy Yeghishei Vardapeti matenagrutiwnk.* San Lazzaro.
4. Ter-Poghosyan, G. (1895). Yeghishei patmut'ean aghbiwry. *Handes Amsorya, 9,* 20-23.
   —*Handes Amsorya, 9,* 58-61.
   —*Handes Amsorya, 9,* 110-113.
5. Thomson, R. (1982). *Elishe's History of Vardan and the Armenian War.* Harvard University Press.
6. Parpec'i. G. (2021). *Ghazar Parpec'i's History of the Armenians* (R. Bedrosian, trans.). Sophene.
7. Dasxurants'i, M. (2020). *History of the Aghuans.* (R. Bedrosian, trans.). Sophene.
8. Hatsuni, V. (1896). *Khorhrdatsut'iwnk' yeghishei patmut'ean veray.* San Lazzaro.
9. Chrysostom, J. (2006). *The Cult of the Saints: Select Homilies and Letters* (W. Mayer, ed.). New York.
10. Brown, P. (2015). *The Cult of the Saints: Its Rise and Function in Latin Christianity* (2nd ed.). Chicago.
11. Howard-Johnston, J., & Hayward, P. A. (Eds.) (2004). *The Cult of the Saints in Late Antiquity and the Early Middle Ages: Essays on the Contribution of Peter Brown.* Oxford.
12. Zekiyan, B. L. (1982). Ełišē as Witness of the Ecclesiology of the Early Armenian Church. In N. G. Garsoïan, T. F. Mathews, & R. W. Thomson (Eds.) *East of Byzantium: Syria and Armenia in the Formative Period* (pp. 187-197). Harvard University.
13. Toumanoff, C. (1966). Armenia and Georgia. In J. M. Hussey (Ed.) *The Cambridge Medieval History, Volume IV* (pp. 593-637). Cambridge University Press.
14. Bonner, M. R. J. (2020). *The Last Empire of Iran.* Gorgias Press.

YEGHISHE'S

HISTORY

OF THE

VARTANANTS
SAINTS

VOLUME II

Ե

ԿՐԿԻՆ ԱՆԳԱՄ ԸՆԴԴԷՄ ԿԱԼ ՀԱՅՈՑ ՊԱՏԵՐԱԶՄԱՒ ԹԱԳԱՒՈՐԻՆ ՊԱՐՍԻՑ

Մեծ է սէրն Աստուծոյ քան զամենայն մեծութիւն երկրաւոր. եւ այնպէս աներկեւղս առնէ զմարդիկ՝ իբրեւ զանմարմին զաւրս հրեշտակաց, որպէս անդստին ի սկզբանէ է տեսանել զբազումս բազում անգամ ի բազում տեղիս: Մարդիկ, որ սիրովն Աստուծոյ իբրեւ զինու վառեալք էին, ոչ ինչ խնայեցին զանգիտելով իբրեւ զանարի՝ գոլով վատասիրտք, կամ ի մահ անձանց, կամ յափշտակութիւն ընչից, կամ ի խողխողումն սիրելեաց, կամ ի գերութիւն ընտանեաց, ելանել ի հայրենի երկրէն եւ անկանել ի ստրկութիւն յաւտարութեան. առ ոչինչ համարեցան զայս ամենայն անցս չարչարանացն. այլ միայն միաբան կալ ընդ Աստուծոյ, զի ի նմանէ միայն մի՛ գերի ելցեն. եւ ամենայն երեւելի մեծութեանս զնա բաւական համարեցան՝ ընտրեալ ի միտս իւրեանց: Եւ զուրացութիւնն մեռելութիւն վարկանէին, եւ զմահ վասն Աստուծոյ՝ անանց կենդանութիւն, եւ ծառայել յերկրի՝ ազատութիւն կենաց իւրեանց, եւ ընկենուլ զանձինս յաւտարութիւն՝ ընդ Աստուծոյ գիտից:

Որպէս յայսմ ժամանակի տեսաք աչաւք մերովք, զի զնոյն նահատակութիւն նահատակեցաւ եւ աշխարհս Հայոց:

V

THE ARMENIANS OPPOSE
THE IRANIAN KING IN BATTLE AGAIN

The love of God is greater than all earthly greatness and makes mortals as fearless as the hosts of bodiless angels, which from the beginning of time have been seen a great many times and in many places. Those who were armed with the love of God did not cower out of fear like faint-hearted cowards; not from their own deaths, nor the plunder of their possessions, nor the slaughter of their loved ones, nor the captivity of their families, nor the departure from their homeland, nor from becoming slaves in a foreign land. They regarded all these miserable proceedings as nothing, standing united with God, that they only not be removed from their service to Him. They chose in their minds to content themselves in all His visible greatness. They considered apostasy as death, and death for God's sake as eternal life; to serve in the land as the freedom of their lives, and being exiled to a foreign land as to be discovered by God.

As we saw at this time with our own eyes, this very *nahatakutyun* took place in Armenia.

3

Քանզի իբրեւ ետես մեծն Վարդան զերկպառակութիւն աշխարհին իւրոյ, ոչ ինչ թերահաւատութեամբ զանգիտեաց: Թէպէտ եւ ստուգեալ գիտաց զբազմաց այլոց եւս զերկմտութիւն, որ դեռ եւս ընդ նմա միաբանեալք էին, քաջալերեցաւ յանձն իւր եւ քաջալերեաց զզաւրսն իւր. քանզի ինքն իսկ բռնացեալ ունէր զթագաւորանիստ տեղիսն միաբանութեամբ նախարարացն, որ ոչ քակեցան ի սուրբ ուխտէն: Հրաման տուեալ ամենայն զաւրացն ժողովել յԱրտաշատ քաղաք, փոխանակ յետս կացելոցն որ էին զհետ իշխանին Սիւնեաց, զեղբարս կամ զորդիս կամ զեղբարցն որդիս ի տեղի նոցա մատուցանէր, եւ զիւրաքանչիւր զաւրս տայր նոցա, զի դեռ եւս ինքն ունէր զամենայն աշխարհն:

Եւ փութով ամենեքեան ի տեղի պատերազմին եկեալ հասանէին իւրաքանչիւր զաւրաւք եւ ամենայն պատրաստութեամբ, նոքա եւ որ բունքն հաստատուն կացեալ էին ի տեղւոջն:

Ներշապուհ Արծրունի,
Եւ Խորէն Խորխոռունի,
Եւ ինքն Սպարապետն,
Եւ Արտակ Պալունի,
Եւ Վահան Ամատունի,
Եւ Գիւտն Վահեւունեաց,
Եւ Թաթուլ Դիմաքսեան,

For when the great Vartan saw the disunity of his country, he did not hesitate out of fear. Although he knew that many others [in his ranks] were in doubt, he took courage in himself and encouraged his troops, for he and those *nakharars* who had not dissolved from the holy covenant held control of the royal districts. He ordered all the troops to assemble in the city of Artashat, appointed his brothers, sons and brothers' sons in the place of those who had gone after the prince of Syunik and provided each of them with soldiers, for he was still in control of the whole country.

They all hurried to the battlefield fully prepared with their soldiers, along with those who had already encamped there:

Nershapuh Artsruni,

Khoren Khorkhoruni,

Himself, the *sparapet* [Vartan],

Artak Paluni,

Vahan Amatuni,

Giwt of Vahevunik,

Tatul Dimaksian,

5

Եւ Արշաւիր Արշարունի,

Եւ Շմաւոն Անձաւացի,

Եւ Տաճատ Գնթունի,

Եւ Ատոմ Գնունի,

Եւ Խոսրով Գաբեղեան,

Եւ Կարէն Սահառունի,

Եւ Հմայեակ Դիմաքսեան,

Եւ մեւս եւս այլ Գազրիկ Դիմաքսեան,

Ներսեհ Քաջբերունի,

Փարսման Մանդակունի,

Եւ Արսէն Ընձայացի,

Եւ Այրուկ Սղկունի,

Եւ Վրէն Տաշրացի,

Եւ Ապրսամ Արծրունեացն,

Եւ Շահխոռապետն արքունի,

Եւ Խուրս Սրուանձտեաց,

Քողեանքն եւ Ակէացիքն եւ Տրպատունիքն, եւ զաւրքըն Ռշտունեաց, եւ ամենայն գործակալքն արքունի իւրաքանչիւր զաւրաւքն հանդերձ:

Սոքա ամենեքեան համագունդք հասանէին ի գործ պատերազմին ի դաշտն Արտազու եւ լինէր հանդէս համարուն վաթսուն եւ վեց հազար այր ընդ հեծեալ եւ ընդ հետեւակ:

Arshavir Arsharuni,

Shmavon Andzavatsi,

Tachat Gntuni,

Atom Gnuni,

Khosrov Gabeghian,

Karen Saharuni,

Hmayeak Dimaksian,

as well as Gazrik Dimaksian,

Nerseh Kajberuni,

Parsman Mandakuni,

Arsen Endzayatsi,

Ayruk Sghkuni,

Vren Tashratsi,

Aprsam of Artsrunik,

Shahkhorapet, the royal,

Khurs of Sruandztik,

the Koghiank, the Akeatsik, the Trpatunik, the forces of the Rshtunik, and all the royal commissioners together with each of their troops.

They all came to battle at the plain of Artaz with a procession of 66,000 men, together with cavalry and infantry.

CHAPTER V

Եկին ընդ նոսա սուրբքն Յովսէփ եւ Ղեւոնդ երէց, եւ բազում եւ այլ քահանայք, եւ եւս բազմագոյն պաշտաւնեայք: Քանզի ոչ ինչ զանգիտեցին եւ նոքա գալ ընդ նոսին ի գործ պատերազմին. զի ոչ եթէ մարմնական համարէին զկռիւն, այլ հոգեւոր առաքինութեան. ցանկային մահակից լինել քաջ նահատակացն:

Սկսաւ սպարապետն խաւսել միաբանութեամբ նախարարացն ընդ զաւրսն եւ ասէ.

«Ի բազում պատերազմունս մտեալ է իմ, եւ ձեր ընդ իս. է ուրեք՝ զի քաջապէս յաղթեցաք թշնամեացն, եւ է ուրեք՝ զի նոքա մեզ յաղթեցին. Եւ բազում այն է՝ որ յաղթող գտեալ եմք եւ ոչ յաղթեալք: Եւ միանգամայն այն ամենայն էին մարմնոյ պարծանք. քանզի հրամանաւ անցաւոր թագաւորին մարտնչէաք: Որ փախչէր, վատանուն յաշխարհի երեւէր, եւ անողորմ մահ ի նմանէ գտանէր. իսկ որ քաջութեամբ յառաջ մատչէր, քաջ անուն ազգի ժառանգէր, եւ պարգեւս մեծամեծս յանցաւոր եւ ի մահկանացու թագաւորէն ընդունէր: Եւ մեք իսկ աւասիկ յիւրաքանչիւր մարմինս ունիմք վէրս եւ սպիս բազումս. եւ բազում այն քաջութիւն իցէ, վասն որոյ առեալ իցէ եւ պարգեւս մեծամեծս: Անարգ եւ անաւգուտ զքաջութիւնսն համարիմ, եւ առ ոչինչ զպարգեւսն բազումս. վասն զի ամենեքեան խափանելոց են:

The holy Hovsep and presbyter Ghevond came with them, along with many other priests and clergy. They did not refrain from coming to battle with the others because they did not consider the fight to be a physical one, but one of spiritual virtue, and they desired to die among the ranks of the brave *nahataks*.

The sparapet began speaking with his troops in the company of the nakharars, and said:

"I have entered into many battles, and you with me; sometimes we bravely defeated our enemies and sometimes they defeated us, though often we were found vanquishers and not vanquished. At the same time these were all matters of earthly boasting, for we fought at the command of a transitory king: He who fled from battle was discredited throughout the land and died a pitiless death, but he who advanced bravely inherited a glorious name among his people and received great honors from a transitory and mortal king. Now here we are, with many wounds and scars on our bodies; we must have performed many brave acts to have received such great gifts. But I consider those valorous acts to be abject and worthless and those many gifts as nothing, for they are all perishable.

«Իսկ արդ եթէ վասն մահականացու հրամանատութին զայն արութիւնս կատարէաք, ո՛րչափ եւս առաւել վասն անմահ թագաւորին մերոյ, որ Տէրն է կենդանեաց եւ մեռելոց, եւ դատելոց է զամենայն մարդ ըստ գործոց իւրոց: Ապաքէն եթէ կարի շատ յառաջ մատուցեալ ծերացայց, սակայն ելանելոց եմք ի մարմնոյ աստի, զի մտցուք առ Աստուած կենդանի, որ ոչ եւս ելանիցեմք ի նմանէ:

«Արդ աղաչեմ զձեզ, ո՛վ քաջ նիզակակիցք իմ. մանաւանդ զի բազումք ի ձէնջ լաւագոյնք էք քան զիս արութեամբ, եւ զահու ի վեր ըստ հայրենի պատուոյն. բայց յորժամ ձերով կամաւք եւ յաւժարութեամբ առաջնորդ եւ զաւրագլուխ ձեզ կացուցէք, հեշտ եւ բաղձալի թուեսցին բանք իմ ի լսելիս մեծամեծաց եւ փոքունց: Մի՛ երկուցեալ զանգիտեսցուք ի բազմութենէ հեթանոսացն, եւ մի՛ յահագին սրոյ առն մահկանացուի զթիկունս դարձուսցուք. զի եթէ տացէ Տէր յաղթութիւն ի ձեռս մեր, սատակեսցուք զզաւրութիւն նոցա, զի բարձրասցի կողմն ճշմարտութեան. եւ եթէ հասեալ իցէ ժամանակ կենաց մերոց սուրբ մահուամբ պատերազմիս, ընկալցուք խնդութեամբ սրտիւ. բայց միայն յարութիւնս քաջութեան վատութիւն մի՛ խառնեսցուք:

"Yet if we have performed such valor in obedience to a mortal commander, how much more shall we do so for our immortal king who is the Lord of the living and dead and who judges all mortals according to their works. For even if we are to grow old, we shall depart from our bodies here and go to the living God, never to depart again.

"I beseech you, my brave fellow soldiers, many of whom are more valorous than me and of higher patrimonial rank, yet as you yourselves want me to lead you into this battle, let my words be agreeable and appealing to the high and low among you: Do not fear the multitude of the heathens, and do not turn away from the formidable sword of mortals. For if the Lord grants us victory, we shall obliterate their strength and the side of truth shall be exalted. And if it should happen that we meet our holy deaths in this battle, then let us accept it with joy of heart and without diluting our valor with cowardice.

11

«Մանաւանդ զի անմոռաց է ինձ, յիշելով զիմ եւ զոմանց ի ձէնջ, ի ժամանակին՝ զի զանաւրէն իշխանն խաբեցաք պատրեցաք իբրեւ զմանուկ մի տղայ անպիտան. իբր այն եթէ ի վերին երեսս զկամս նորա ամբարշտութեանն կատարեցաք. բայց ի ծածուկ զխորհուրդս Տէր ինքնին վկայէ մեզ, ո՛րպէս անքակ կացեալ եմք ի նմանէ: Զոր եւ դուք ինքնին իսկ գիտէք. Վասն սիրելեաց մերոց, որ ի մեծի նեղութեան էին, հնարս խնդրէաք վասն յանդորր հանելոյ, զի նոքաւք հանդերձ մարտ եղեալ կռուեցուք ընդ անաւրէն իշխանին վասն հայրենի աստուածատուր աւրինացն: Եւ իբրեւ նոցա ոչ ինչ կարացաք աւգնել, անհնար լիցի այս՝ եթէ վասն մարմնաւոր սիրոյ զԱստուած ընդ մարդկան փոխանակիցեմք:

«Իսկ արդ յերկուս եւ յերիս կռիւս Տէր ինքնին մեծաւ զաւրութեամբ աւգնեաց մեզ, որպէս զի զանուն քաջութեան ժառանգեցաք, եւ զզաւրսն արքունի չարաչար հարաք, եւ զմոգսն անողորմ սատակեցաք, եւ զպղծութիւն կռապաշտութեանն ի տեղեաց տեղեաց սրբեցաք, զանաւրէն հրաման թագաւորին եղծաք ապականեցաք, զխռովութիւն ծովուն ցածուցաք, լեառնացեալ ալիքն դաշտացան, բարձրաղէզ փրփուրն սպառեցաւ, գազանացեալ սրտմտութիւնն դադարեաց: Որ ի վերայ ամպոց որոտայր, նկուն եղեալ՝ քան զսովորական բնութիւնն ի վայր գտաւ՝ ընդ մեզ խաւսելով: Որ բանիւ հրամանաւ կամէր կատարել զչարութիւնն իւր ի վերայ սուրբ եկեղեցւոյ, արդ աղեղամբ եւ նիզակաւ եւ սրով կռուի: Որ իբրեւ զհանդերձ կարծէր ունել մեզ զքրիստոնէութիւնն, արդ իբրեւ զգոյն ի մարմնոյ չկարէ շրջել, թերեւս եւ ոչ այլ կարասցէ մինչեւ ի կատարած: Քանզի հիմունք սորա հաստատութեամբ եղեալ են ի վերայ վիմին անշարժութեան, ո՛չ ի վերայ երկրի, այլ ի վեր յերկինս, ուր ոչ անձրեւք իջանեն եւ ոչ հողմք շնչեն եւ ոչ հեղեղս յարուցանեն: Եւ մեք թէպէտ եւ մարմնով յերկրի եմք, այլ հաւատով յերկինս եմք շինեալ, ուր ոչ ոք կարէ հասանել յանձեռագործ շինուածն Քրիստոսի:

"For I have not forgotten how I and some of you at the time deceived the tyrannical ruler like a rascal by pretending to carry out his impious will while the Lord himself witnessed our secret thoughts with which we remained inseparable from Him. As you know, we sought means to bring peace to our loved ones who were in great trouble, that together with them we may fight against the impious prince for our ancestral, God-given religion. And just as we were completely unable to help them, let it also be impossible to exchange God for man for the sake of worldly love.

"In two, three battles the Lord himself assisted us with great power so that we inherited a valiant name, grievously striking the king's army and mercilessly killing the magi, cleansing the uncleanliness of idolatry in various places, destroying the abominable order of the king, leveling the agitation of the sea, causing the mountainous waves to flatten and the heaping foam to wash away, and putting an end to their brutal passions. He who thundered above the clouds humbled himself in coming down to speak with us; he who resolved to effect his evil upon the holy church by his verbal commands is now fighting with bow, spear and sword; he who thought that we wear Christianity as we wear clothes cannot convert us just as he cannot change the color of our skin, and may he never succeed till the end. For His foundations are firmly placed on an immovable rock—not on earth, but in the heavens, where there is no rainfall, no wind and no floods. Although we are of this earth in flesh, in faith we are made in heaven, where no one is able to grasp at the edifice of Christ, which is not a work of hands.

13

«Համատառում կացէք յանշուշտ զաւրազգլուխն մեր, որ ոչ երբէք մոռացցի զգործս նախատակութեան ձերոյ: Ո՛վ քաջք, մեզ այս մեծապէս է, զոր կատարեաց Աստուած ի ձեռն մերոյ բնութեանս, յորում եւ զաւրութիւնն Աստուծոյ մեծապէս երեւի: Զի եթէ զայլս կոտորելով ի վերայ աստուածային աւրինացն՝ պարծանս անձանց ժառանգեցաք եւ զքաջ անուն ազգատոհմին մերոյ թողաք եկեղեցւոյ, եւ վարձուց ակնկալութիւն ի Տեառնէ է, որ պահի իւրաքանչիւր ումեքի մէնջ ըստ սրտին յաւժարութեան եւ ըստ գործոց առաջարկութեան, որչափ եւս առաւել՝ եթէ մեք մեռանիցիմք ի վերայ մեծի վկայութեան Տեառն մերոյ Յիսուսի Քրիստոսի, որում եւ երկնաւորքն են ցանկացեալ, եթէ գոյր հնար: Եւ զի այս պարգեւք ոչ ամենեցուն է անկ, այլ որում պատրաստի ի բարերար Տեառնէն, եւ մեզ այս ոչ եթէ յարղար գործոց ինչ պատահեաց, այլ յանձնախանձ պարգեւա-տուէն. որպէս եւ ասէ իսկ ի սուրբ կտակարանին. Ուր առաւել եղեն մեղքն, անդէն առաւելան շնորհքն Աստուծոյ:

"Stand firm in our veritable commander who will never forget your work of nahatakutyun. O brave ones! how great for us that God worked through our nature, through which His power appears greatly. For if by shattering others for the sake of divine laws we inherit glory for our souls and dedicate our brave family names to the church, and our expectation of reward is from the Lord who is preserving our portion according to the willingness of our hearts and procession of our works, how much greater [will our rewards be] if we die upon the great testimony of our Lord Jesus Christ, which even the heavenly ones would wish to do if it were possible! These gifts have not fallen to everyone, but rather to those for whom the benevolent Lord has prepared them, and therefore they have not fallen to us on account of our righteous works but are from the unenvious giver of gifts as it says in the Holy Gospel: 'Where sin abounded, God's grace did much more abound.'[1]

---

1 Romans 5:20.

«Եւ մեզ կարի քաջ ի դէպ ելանէ հրաման պատասխանւոյս այսորիկ. որպէս եւ առաւելապէս երեւեցաք մարդկան ամբարշտեալք, կրկին առաւելապէս երեւեցուք արդարացեալք մարդկան եւ հրեշտակաց եւ Հաւրն ամենեցուն: Զի որ աւր լուան ապաքէն զմէնջ մարդիկ ի գործ ամբարշտութեանն, արտաասուաբազում հեղան ի սուրբ եկեղեցւոջն, եւ եւս բազմագոյն ի մէջ սիրելեացն մերոց: Նա եւ ընկերք մեր սրով սրտմտեալ սպառնային մեզ, եւ մահ դառնութեան ի վերայ հասուցանել կամէին. եւ ծառայքն մեր սարտուցեալ փախչէին ի մէնջ: Եւ հեռաւորաց, որոց լուեալ էր զանուն քրիստոնէութեան մերոյ, քանզի ոչ էին տեղեակ խորհրդոցն մերոց, ողբս ի բերան առեալ անդադար աշխարհէին զմեզ, եւ անգիտութեամբ հայհոյութիւնս բազումս խաւսէին զմէնջ: Եւ որ մեծն քան զամենայն ասացից. ո՛չ միայն մարդիկ յերկրի՝ այլ եւ հրեշտակք յերկինս զերեսս իւրեանց դարձուցին ի մէնջ, զի մի տխուր դիմաւք հայեցին ի մեզ:

«Եւ ահա եկն եհաս ժամանակ, զի զամենայն զկեղտ անուն ի մէնջ ի բաց բարձցուք: Յայնժամ իբրեւ զթախծեալ ազաւոր՝ յոգի եւ ի մարմին էաք տրտմեալք, այսաւր զուարթացեալք եւ զգաստացեալք յերկոսեան առ հասարակ եմք լրջացեալք. քանզի եւ զՏէրն բարերար ընդ մեզ տեսանեմք յառաջնորդութիւն. չէ մեր մարդ զաւրավար, այլ զաւրագլուխն ամենայն մարտիրոսաց: Երկիւղ՝ թերահաւատութեան է նշանակ. զթերահաւատութիւն մեք ի մէնջ վաղ մերժեցաք, ընդ նմին եւերկիւղն փախիցէ ի մտաց եւ ի խորհրդոց մերոց»:

"This command is very pertinent to us, for as impious as we appeared to men, that much more will we appear justified to men and angels and the Father of all. For on the day that people heard of our impious actions, many tears were shed at church and even more among our loved ones; our friends threatened us with the sword, wishing to bring bitter death upon us, and even our servants fled from us in shock. And those who were distant and who heard of our Christian name, not knowing of our intentions, lamented and wept incessantly over us, and piled curses upon us out of ignorance. Yet greater than all this, I say not only earthly mortals, but also heavenly angels turned their faces on us, so as to not look upon us with a long face.

"At last, the time has come to rid ourselves of every stain upon our names. At that time, our souls and bodies were afflicted like melancholy mourners; today, our joy and preparation have made us more solemn in soul and body, because we see the benevolent Lord in leadership. Our general is not a man, but the commander of all martyrs. Fear signifies doubt; having long ago expelled doubt from ourselves, let fear also flee from our minds and thoughts."

Զայս ամենայն առաքինի զաւրավարն խաւսեցաւ ընդ ամենայն բազմութեանն. դարձեալ եւ զմի մի ի նոցանէ քաջալերէր ի ծածուկ եւ սրտապնդէր, եւ զամենայն պակասութիւն աղքատութեան լնոյր: Որոյ ոչ ինչ գոյր զաւրականին, յանձնէ եւ յընկերաց մատուցանէր. որոյ զէն չէր՝ զէն պատրաստէր. եւ որում հանդերձ պիտոյ էր, հանդերձ զգեցուցանէր, եւ որում երիվար պիտոյ էր, երիվար տայր: Եւ առատ ռոճկաւք ուրախ առնէր զամենեսեան, եւ զուարթագին զինքն ցուցանէր ամենեցուն: Եւ ըստ պատերազմական կարգին՝ զքաջ արանց զյիշատակարանս հանապազ երկրորդէր առաջի նոցա. զի եւ ինքն իսկ տեղեակ էր ի մանկութենէ իւրմէ սուրբ կտակարանաց: Զոր եւ ի ձեռն առեալ զքաջ նկարագիրն Մակաբայեցւոց՝ ընթեռնոյր ի լըսելիս ամենեցուն, եւ յորդառատ բանիւք զեւս իրացն իմացուցանէր նոցա, ո՛րպէս մարտուցեալ կռուեցան ի վերայ աստուածատուր աւրինացն ընդդէմ թագաւորին Անտիոքացւոց: Զի թէպէտ եւ ի նմին կատարեցան մահուամբ, սակայն անուն քաջութեան եկաց մինչեւ ցայսաւր ժամանակի, ո՛չ միայն յերկրի, այլ եւ անմոռաց յերկինս: Նա եւ զայն յուշ առնէր զաւրականին, ո՛րպէս ազգատոհմն Մատաթեայ քակտեալ բաժանեցան ի միաբանութենէ նորա, դարձան ի հրաման թագաւորին, շինեցին մեհեանս, մատուցին զոհս պղծութեան, խոտորեցան յԱստուծոյ եւ ընկալան զպատիժս պատուհասի մահուան ի սուրբ միաբանելոցն. իսկ Մատաթի եւ որք ընդ նմայն էին, ոչ ինչ լըքեալ թուլացան, այլ եւս առաւելապէս պնդեցան, եւ ձեռնամուխ եղեն ի գործ պատերազմին բազում ժամանակս: Զայս ասէր, եւ անդէն ի դաշտին զտեղի առեալ՝ զզաւրսն զետեղէր, եւ յամենայն կող-մանց տակաւ զայրուձին կազմէր:

The valiant general spoke all this to the multitude, and encouraged them one by one in private, filling all their wants of indigence. Whoever among the soldiers was in want of supplies, he supplied from himself or from his friends: for those who were unarmed, he prepared arms; whoever was in need of uniform, he clothed; and whoever was in need of a horse, he provided a horse. With abundant pay he made them all happy and showed himself to be joyous among the multitude. According to military convention, he constantly repeated to them the records of valiant men, having been versed in Holy Scripture from childhood. Thus, taking hold of the brave description of the Maccabees, he related their proceedings with exuberant words, and related how they fought the king of Antioch for their God-given religion. For although the Maccabees had been martyred, their brave reputation has stood to this day, not only on earth, but also unforgettably in heaven. He also reminded the soldiers how the clan of Mattathias had dissolved from their union, returned to the king's command, built pagan temples, made impure sacrifices, strayed from God and received the punishment of death from the members of the holy alliance. But Mattathias and those with him were not forsaken or weakened, but rather more strengthened, and battled for a long time. He said this and encamped there on the plain, positioned his troops and arranged the cavalry on all sides.

Իսկ յետ բազում աւուրց զաւրագլուխն Պարսից խաղայր գայր ամենայն հեթանոսական բազմութեամբն. եւ եկեալ հասանէր յաշխարհն Հայոց ի Հեր եւ ի Զարեւանդ գաւառ: Եւ անդէն ի գաւառին զտեղի առեալ նորա՝ բանակ բոլորէր, փոս հատանէր, պատնէշ կանգնէր, շերտաւոր փակէր, ամրացուցանէր իբրեւ զքաղաք ամենայն պատրաստութեամբ: Գունդ բազում հատանէր ի զաւրաց նորա, ասպատակաւ արշաւէր, յաւարի առնուլ կամէր զգաւառս բազումս:

Զայն իբրեւ լուան զաւրքն Հայոց, սեպուհ մի յազգէն Ամատունեաց՝ Առանձար անուն ընտրեցին յամենայն զաւրականէն՝ լի իմաստութեամբ եւ քաջութեամբ: Ել ընդ առաջ նորա հազարաւք երկու, հար սատակեաց զբազմութիւն գնդին, եւ զմնացեալսն ի նոցանէ անդրէն փախստական ի բանակն արկանէր: Եւ ինքն ողջանդամ այսրէն դառնայր, եւ լինէր տաւն ուրախութեան մեծ յաւուրն յայնմիկ զաւրացն Հայոց:

Դարձեալ միւսանգամ ուրացեալն Վասակ անդրէն ի հնարս հայթայթանաց մտանէր ըստ առաջին կեղծաւորութեանն իւրոյ. շրջեցաւ ի ձեռն սուտ երիցանցն, զոր յառաջագոյն ասացաք, նոքաւք հրամանաւ արքունի ի պատգամաւորութիւն խաւսէր, եւ երդմամբ հաստատէր զքրիստոնէութիւնն անդրէն ունել:

After many days the Persian general advanced with the entire multitude of heathens and reached Armenia at the districts of Her and Zarevand. He set up camp in that district, dug a trench, built a rampart, surrounded it with a fence and fortified it by all means as though it were a city. He took a detachment from his army and marauded and raided many districts in hopes of taking plunder.

When the Armenian army heard this, they chose a *sepuh* from the Amatunik clan named Arandzar who was full of wisdom and valor. Arandzar went before them with two thousand men, slayed many in their detachment and sent the rest fleeing back to their camp. He returned uninjured and the Armenian army held a great, joyous feast that day.

Then the apostate Vasak started scheming again, returning to his former duplicitous ways. He went around with the aforementioned false priests, all pretending to be delegates sent by the royal command with false promises that the Armenians were allowed to practice Christianity again.

Եւ զայս արարեալ զբազում աւուրս՝ ոչ կարաց զմիաբանութիւնն քակտել, մանաւանդ զսուրբ ուխտ եկեղեցւոյն, որ ոչ էր հեռացեալ ի զաւրականէն:

Որպէս երանելի երէցն Ղեւոնդ հրաման առեալ ի սուրբ ընկերացն՝ ի մեծէն Յովսէփայ եւ յամենայն մեծամեծացն, ի քահանայիցն եւ ի զաւրագլխացն, եբաց զբերան իւր եւ ասէ բարձր բարբառով առաջի հրեշտակացն.

«Յիշեցէ՛ք ամենեքեան զհարսն մեր զառաջինսն, որ յառաջ քան զծագումն Որդւոյն Աստուծոյ յիւրաքանչիւր ժամանակի:

«Քանզի իբրեւ մերժեաց եւ ընկէց զմեզ չարն յաստուածային տեղւոյն, գտաք մեք անկեալք ընդ անողորմ դատաստանաւք ըստ մեղացն յանցաւորութեան, որ ի կամս ազատութեան մերոյ գործեցաք զանարժանս, եւ զարարչական զաւրութիւնն շարժեցաք ի վերայ մեր ի ցասումն բարկութեան, եւ զողորմած դատաւորն յուզեցաք վրէժ առնուլ անաչառութեամբ յարարածոցս. մինչեւ հրաման տուեալ երկնային ծովուն հեղուլ ի վերայ ցամաքիս, եւ հաստատուն յատակք երկրիս ծակոտեալ՝ ընդդէմ զհակառակսն գործեցին: Վերինք եւ ներքինք եղեն մեզ գործիք տանջանաց՝ առանց բարեխաւսի վրէժ առնուլ յանցանաց մերոց:

But after many days of this, he was unable to dissolve their brotherhood, and especially not the holy clergy, who never departed from among the military.

Then the venerable presbyter Ghevond, receiving permission from his holy friends, the great Hovsep and all the grandees, priests and commanders, said loudly before [the army and] the delegates:

"Recall our forefathers in each age before the birth of the Son of God.

"For when the evil one cast us out from the divine place, we found ourselves fallen into pitiless judgment due to our sins of transgression that we committed by our own free will, bringing upon ourselves the wrath of the Creator's power, moving the merciful Judge to take impartial vengeance on His creatures, and even commanding the heavenly sea to pour out onto the land and pierce the earth's surface against the opposite side. Those above and below became tools of our torments, avenging our sins without intercessor.

«Ապաքէն արդարն Նոյ միայն գտաւ կատարեալ յազգի մարդկութեանս, որ ցածոյց զսրտմտութիւն բարկութեան տերունեան ցասմանն, եւ եղեւ սկիզբն առաջարկութեան առ աճումն բազմութեան մարդկային ազգիս: Դարձեալ եւ Աբրահամ ի փորձութեանն իւրում գտաւ առաքինի, եւ զընկալեալ պարգեւսն յԱստուծոյ՝ ինքեան ձեռաւք փոխ անդրէն նմին մատուցանէր. վասն այսորիկ եւ յառակս ընկալաւ զնա Աստուած, զի ի նմա տպաւորեալ տեսանէր զաներեւոյթ գալուստ Որդւոյն Աստուծոյ, եւ զըմբռնումն անըմբռնելւոյն եւ զզենումն անմահին, որ իւրով մահուամբն խափանեաց զիշխանութիւն մահու: Եւ եթէ մահուամբ մահ մեռանի, մի՛ երկիցուք մահակիցք լինել Քրիստոսի. զի ընդ որում մեք մեռանիմք, ընդ նմին եւ կենդանանամք:

«Յիշեցէք, առաքինիք, զմեծն Մովսէս, որ մինչչեւ հասեալ էր յարութեան հասակն՝ խորհուրդ սուրբ նահատակութեանն ի տիս տղայութեանն երեւէր նմա. եւ տուն թագաւորին Եգիպտացւոց ի ծառայութիւն մտանէր նմա, եւ ակամայ դայեկութեամբ սնուցանէր զնա. եւ ի ժամ փրկելոյ զժողովուրդն ի նեղութենէն՝ միջնորդ եղեւ երկնի եւ երկրի, միանգամայն եւ աստուած անուանեցաւ ի վերայ Եգիպտացւոցն: Քանզի ուր գտաւ սուրբ խորհուրդն զաւրացեալ՝ անձամբ իւրով վրէժ առնոյր յԵգիպտացւոցն. իսկ ուր աստուածային յայտնութիւնն ի վերայ նորա լինէր,

"The only human found to be blameless was Noah, who averted God's anger, and became the source of the increase and multiplication of the human race. Likewise, Abraham was found virtuous in his tests, and offered to return to God the very gifts he had received from Him with his own hands. Thus, God received him, so to say, for he saw in his impression the invisible coming of the Son of God, the conception of the inconceivable and the sacrifice of the immortal, who through His death voided the power of death. And if death dies by death, let us not fear to die in the ranks of Christ, for by whom we die, we shall also live again.

"Recall, valiant ones, the great Moses, to whom the counsel of holy nahatakutyun appeared in the days of his youth before he reached the age of manhood. He entered service in the royal house of Egypt, where he was unwillingly nourished and fostered. At the time of the deliverance of the people from persecution, he became mediator between heaven and earth and was named god over the Egyptians. For where he found the holy mystery at work, he himself took vengeance against the Egyptians, and where the divine revelation was upon him,

ի ձեռն գաւազանին գործէր զմեծամեծ սքանչելիսն: Եւ վասն սուրբ նախանձուն, զոր ունէր, եհար զԵգիպտացին եւ ընդաւազեաց. վասն որոյ զմեծ անուն դնէր նմա, եւ առաջնորդ ժողովրդեանն զնա կացուցանէր: Եւ բազում այն է, որ հեղմամբ արեանն արդարացաւ, եւ անուանեցաւ մեծ քանզամենայն մարգարէս. ո՛չ միայն զարտաքին թշնամիսն կոտորելով, այլ եւ զազգատոհմսն, որ փոխանակեցին զԱստուած ընդ որթուն յանապատին:

«Եւ եթէ նա ի հեռուստ այնպիսի վրէժ խնդրէր զալըստեան Որդւոյն Աստուծոյ, մեք, որ ականատեսք եղաք եւմեծապէս վայելեցաք յերկնաւոր պարգեւսն շնորհաց նորա, եւս առաւել պարտիմք վրէժխնդիր լինել մաւտակայ ճշմարտութեանս: Որ եդ մահուամբ զանձն իւր ի վերայ մեղաց մերոց եւ արդարացոյց զմեզ յանհնարին դատապարտութենէն, դիցուք եւ մեք զանձինս մեր մահուամբ ի վերայ անմահ զաւրութեանն, զի մի՛ նուազք քան զվրէժխնդիրսն գտանիցիմք:

«Յիշեցէք զմեծ քահանայն Փենեհէզ, որ սպանմամբ եբարձ զպղծութիւնն ի ժամ պատերազմին, եւ յազգէ յազգ երդմամբ հաստատեաց զքահանայութիւնն: Մի՛ մոռանայք եւ զսուրբ մարգարէն զԵղիաս, որ ոչ կարէր հանդարտել հայել ի կռապաշտութիւնն Աքաբու. եւ արդար նախանձուն իւրոյ զութ հարիւրսն ինքեան ձեռաւք սատակեաց, եւ

he performed great miracles through the staff in his hand. And because of the holy zeal that he possessed, he slayed the Egyptian, and hid him in the sand,[2] and thus he was given a great name and established as the leader of his people. Moreover, he was justified in spilling blood and was named greater than all the prophets, not only by killing his external foes, but also his kin who exchanged God for the calf in the desert.

"And if from so far away he sought retribution for the coming of God's son, then we, who have witnessed and greatly enjoyed the heavenly gifts of His grace, ought much more to take retribution for the coming truth. Let us also die for the immortal power of the One who put Himself to death for our sins, absolving us from unbearable condemnation, so that we are not found beneath retribution.

"Recall the great priest Phineas, who took away profanation with murder at the time of war and established the hereditary priesthood with a vow. Do not forget the holy martyr Elias, who could not bear to look at the idolatry of Ahab and with righteous zeal killed 800 people with his own hand and

2 Exodus 2:12.

զերկուս յիսունսն անշէջ հրոյն մատուցանէր լուցկիս. եւ զաստուածային վրէժն խնդրելով՝ անըմբռնելի եւ ահագին կառաւքն յերկրէ ի յերկինս վերացաւ: Դուք՝ ե՛ւս մեծի մասին վիճակի հասեալ էք. զի ոչ եւս կառք առաքին ձեզ ի վերացումն, այլ ինքնին Տէրն կառաց եւ երիվարաց հզաւր զաւրութեամբ եւ սրբովք հրեշտակաւք ընդ առաջ եկեալ՝ ձեզ իւրաքանչիւր թեւս բուսուցանէ. զի նորա ուղեկիցք լինիցիք եւ նմին քաղաքակիցք:

«Եւ այլ զի՞նչ եւս երկրորդեցից առաջի ձերոյ քաջ նախատակութեանդ, զի քան զիս տեղեկագոյնք եւ հմուտք էք սուրբ կտակարանացն: Դաւիթ ի մանկութեան ժամանակին քարիւ կործանեաց զմեծ բլուրն մսեղէն, եւ ոչ ինչ զանգիտեաց յահագին սրոյ հսկային. ցրուեաց զգունդս այլազգեացն, եւ ապրեցոյց զզաւրսն ի մահուանէ եւ զժողովուրդսն ի գերութենէ. եւ եղեւ անդրանիկ թագաւորացն Իսրայելի, եւ անուանեցաւ հայր Որդւոյն Աստուծոյ: Նա անուանեցաւ առ ի պէտս ժամանակին, եւ դուք ճշմարիտ ծնեալք ի Սուրբ Հոգւոյն՝ որդիք էք Աստուծոյ եւ ժառանգակիցք Քրիստոսի: Մի՛ ոք զձեր բաժինն ի ձէնջ հատանիցէ, եւ զձեզ աւտարախորթս արարեալ՝ տարաբաժին հանիցէ:

turned two [bands of] fifty into fuel for the unquenchable fire. Seeking divine retribution, he rose from earth to heaven in a great, impregnable chariot. You have all arrived at greener pastures; for no longer is a chariot sent for your ascension, but the Lord of chariots and horses himself with his mighty power together with the holy angels will come before you and give each of you wings, that you may be their fellow travelers and [heavenly] citizens.

"What more shall I recount before you valiant nahataks, seeing as you are more versed and learned than me in the Holy Testaments? David in his youth felled that great mound of meat with a stone, without in the least fearing the sword of the giant. He scattered the armies of the foreigners[3] and rescued his soldiers from death and his people from captivity. He became the first king of Israel and was called the father of the Son of God. He was given that name for the need of the age, and you, who were born truly of the Holy Spirit, are sons of God and co-heirs of Christ. May no one cut your portion from you or deprive you of it by bastardizing and estranging you.

---

3 *the foreigners:* i.e., Philistines.

«Յիշեցէք զամենայն զաւրավարսն զառաջինսն Իսրայելի՝ զՅեսու, զԳեդէովն, զԵփիթայեա եւ զայլս ամենեսեան, որք ճշմարիտ հաւատովք էին. հարին կոտորեցին զզաւրսն հեթանոսաց, եւ սրբեցին զերկիրն ի պիղծ կռապաշտութենէն: Եւ վասն հաստատուն արդարագործութեանն, որ ոչ ինչ երկմտեցին ի խորհուրդս իւրեանց, արեգակն եւ լուսին առանց ականջաց լուան եւ կատարեցին զբան հրամանի նոցա. ծով եւ գետք ճանապարհ գործեցին առաջի նոցա ըստ ոչ սովորութեան: Եւ բարձրացեալ պարիսպք քաղաքին ձայնիւ լռկով անկեալ կործանեցան ի վրէժխնդրութիւն աւրինացն արդարութեան: Եւ այլքն ամենայն, որ ըստ հաւատոց քաջութիւնս կատարեցին ի դարս իւրաքանչիւր, գովեցան ի մարդկանէ եւ արդարացան յԱստուծոյ:

«Ապաքէն նոյն Տէր է ի սկզբանէ եւ մինչեւ ցայսաւր եւ առ յապա, եւ յաւիտենից յաւիտեանս, եւ անդր քան զամենայն յաւիտեանս: Ոչ նորոգի, զի ոչ հնանայ. ոչ մանկանայ, զի ոչ ծերանայ. ոչ փոփոխի անյեղեղուկ բնութիւնն Աստուծոյ. որպէս եւ ինքն ասէր բերանով սուրբ մարգարէիցն. Ես եմ, ես եմ, ես նոյն եմ ի սկզբանէ մինչեւ յաւիտեան. ոչ տամ զփառս իմ այլում, եւ ոչ զքաջութիւնս իմ դրբաւշելոց:

"Recall all the former generals of Israel: Joshua, Gideon, Jephthah, and all the rest, who were of true faith. They slayed the army of heathens and cleaned the land of filthy idolatry, and for their solid works of virtue in which they did not waver at all in their minds even the sun and the moon which do not have ears obeyed their commands and the sea and rivers made way before them, contrary to their ways. And the high ramparts of the city fell merely by the force of sound in retribution for the just religion. The same goes for all the rest, who in each of their ages fulfilled valorous deeds according to their faith and were praised by others and justified by God.

"Truly, the Lord is the same from the beginning of time until today, forever and ever, for all eternity. He is not renewed, for He does not grow old. He does not grow young, for He does not age. His immutable nature does not change, as He Himself said through His own mouth to the holy prophets: 'I am, I am; I am the same from beginning unto eternity;[4] I will not give my glory to another,[5] nor my praise to carved images.'[6]

---

4 Isaiah 48:12.
5 Isaiah 48:11; Isaiah 42:8.
6 Isaiah 42:8.

«Զայս գիտելով, եղբարք, մի՛ թուլութեամբ լքանիցիմք, այլ պնդութեամբ սրտիւ եւ հաստատուն հաւատովք կամակար յարձակեցուք ի վերայ թշնամեացն, որ յարուցեալ գան ի վերայ մեր: Մեր յոյսն մեզ կրկին երեւի. եթէ մեռանիմք՝ կեամք, եւ եթէ մեռուցանեմք՝ մեզ նոյն կեանք առաջի կան: Յիշեցուք զբանն Առաքելոյ, որ ասէ, թէ Փոխանակ ուրախութեան, որ նմա առաջի կայր, յանձն էառ զհամբերութիւն մահու, եւ մահու խաչի. վասն այսորիկ եւ Աստուած զնա առաւել բարձրացոյց, եւ ետ նմա անուն, որ ի վեր էքան զամենայն անուն. զի յանուն Յիսուսի Քրիստոսի ամենայն ծունր կրկնեսցի երկնաւորաց եւ երկրաւորաց եւ սանդարամետականաց:

«Եւ քանզի որ ճշմարտութեամբ միացեալ է ընդ սիրոյն Քրիստոսի, հոգւոյն աչաւք տեսանէ զաներեւոյթ յստակ լոյսն ճառագայթից իմանալի արեգական, որ յամենայն ժամ եւ յամենայն աւր գեր ի վերոյ ծագեալ երեւի ամենեցուն. եւ սրբատեսիլ եւ սրբահայեացս անպղտոր յստակութեամբ ձգտեցուցանէ զհայեցուածս, եւ թափանցանց եղեալ ընդ երկինս՝ յանմատոյց տեսիլն մերձեցուցանէ, եւ կորովութեամբ կշռէ զերկրպագութիւն զերից հաստուածոցն միաւոր զաւրութեան: Եւ արդ որ ընդ Աստուծոյ աստիճանսն ոտնփոխ եղեալ իցէ, եւ բարձրութեամբ յարքունիսն հասեալ, եւ զամենայն մեծութիւն բովանդակ տեսեալ, նա միայն է, որ ժառանգէ զանանց ուրախութիւնն եւ զանտրտմական մխիթարութիւնն:

"Knowing this, brothers, let us not quit out of weakness, but with firm heart and solid faith let us willingly attack those enemies who have raised themselves upon us. May our hopes resurface—for if we perish, we shall live on, and if we kill, our same lives stand before us. Recall the words of the apostle, who says, 'Instead of happiness, which awaited him, he chose to endure even death, and crucifixion. Therefore, God exalted Him to the highest place, and gave Him the name that is above every name; that at the name of Jesus Christ every knee shall bow, in heaven and on earth and beneath the earth.'[7]

"For he, who is one in his love of Christ, sees with the eyes of the spirit the invisible yet clear beams of light of the knowable sun, which shines supremely to all, every hour and every day. Piercing through the heavens, it brings near that unapproachable vision,[8] energetically tipping them to worship the Trinity. And thus, only he who has climbed the ladder of God and reached the height of His kingdom and seen the whole of His greatness inherits eternal joy and consolation without sorrow.

---

7 Philippians 2:8-10
8 1 Timothy 6:16.

«Մի՛, տեարք իմ պատուականք, յետ այսչափ ի բարձունս վերանալոյ՝ այսրէն յերկիր անկեալ թաւալիցիմք, այլ զտեղի առեալ անդրէն ի բարձրութեանն հաստատեսցուք: Թէպէտ եւ հայեսցուք ի ստորին կողմ երկրիս, տեսանեմք զսա լի ամենայն ապականութեամբ եւ անսուրբ պղծութեամբք: Քանզի զի՞նչ աղէտք տարակուսի են, որ ոչ գործին յերկրայինս ախտաբերս. թշուառութիւնք աղքատաց եւ անթիւ չարչարանք նոցուն, աղցաւոր ծանրութիւնք հարկահանաց, զզուանք եւ կռիւանք ի բռնաւոր ընկերակցաց, քաղց եւ ծարաւ ըստ կարաւտութեան բնութեանս: Սառնամանիք ձմերայնւոյ եւ խորշակք ամարայնւոյ, հիւանդութիւնք տարաժամք եւ ախտք մահաբերք հանապազ տանջեն զմարդիկ. երկեւղ արտաքնոց, արհաւիրք ի ներքնոց անդադար ի վերայ հասանեն. ցանկան մահու յառաջ քան զժամանակն, եւ ոչ գտանեն. եւ բազումք են, որ փորեն եւ խնդրեն, եւ խնդալից լինին յորժամ գտանեն: Իսկ որ թուին մեզ, եթէ յաջողեալ իցեն ի մեծութեան եւ փափկանան ուրախութեամբ ի պակասելի կեանս, մեծամտեալ հպարտանան յանցաւոր մասունս աշխարհիս, նոքա են, որ կուրացեալ են ի ճշմարիտ կենացն: Իսկ արդ զի՞նչ այն չարիք իցեն, որ ի նոսա ոչ գործիցին. ընդ մեծութիւն խառնեալ է յափշտակութիւն ընչից աղքատաց, ընդ սուրբ ամուսնութիւնն՝ գէճ պղծութիւն: Յորս վայելեն ընտրութեամբ, նոցուն երկրպագութիւնս իբրեւ Աստուծոյ մատուցանեն, մոլորեալք ի ճշմարիտ կենացն:

"No, my honorable lords, after ascending such great heights, let us not tumble back down to earth, but let us establish ourselves at these heights. Though we look down on the earth, we see it full of corruption and filth. For what calamities of doubt do not come to pass upon pestilent earthly beings? The miseries of beggars and their countless sufferings, the pressing burdens of tax-collectors, the loathing and oppression of their tyrannical associates, and hunger and thirst according to our natural needs. The icy storms of winter and the excessive heat of summer, untimely illnesses and deadly diseases constantly afflict people. Fear of the external world and terror within ceaselessly befall them. They desire to die before their time, but do not find refuge. Many are those who search for death, and they are joyful when they discover it. Yet it seems to us that those who succeed in greatness and take comfort in the mirth of their deficient lives, filling themselves with pride in the transitory aspects of this world, are the ones who are blind to the true life. What evils are there that they do not commit? For their wealth is combined with the plundering of the possessions of the poor and their holy matrimony with licentious obscenity. Straying from the true life, they worship as god whatever they choose to enjoy.

«Ո՞չ ահա ամենայն աշխարհս արարչին բոլորեցուն է գոյացութիւն. եւ զոր նոքայն պաշտեն եւ պատուեն՝ ապաքէն ի սմին նիւթոյ է մասն. իսկ արդ մասունքն մասանց կան ի ծառայութիւն: Զի եթէ մի մասն աշխարհիս ապականացու է, հարկ է թէ եւ ամենայն մասունքն ընդ նմին ապականին: Նա եւ ի մասանց անտի՝ պարտ է թէ եւ ընտրութիւնք երեւեսցին. իսկ արդ որ լաւ է՝ յայտնի է ամենեցուն, եւ որ գիտէն իմանալ՝ նա է ընտիր ի մասանցն: Ապա թէ այդ այդպէս է, քան զամենայն պաշտամունս հեթանոսաց, որում երկիր պագանեն, երկրպագուքն են առաւելեալք քան զանբան տարերսն, որոց չարաչար կան ի ծառայութեան. եւ զԷն Աստուած, որ ի մարդ կերպարանեցաւ, չպաշտեն, այլ արարածոց տանին երկրպագութիւն. որոց մեղաց չիք քաւութիւն յարդար ատենին:

«Ա՜ն անդր ի բաց թողցուք զխաւարային խորհուրդս մոլորելոցն. եղկելիս եւ ողորմելիս քան զամենայն մարդիկ զնոսա համարեսցուք. Մանաւանդ զի կամաւք են կուրացեալք եւ ոչ ի հարկէ, եւ ոչ երբէք գտցեն զճանապարհն ճշմարտութեան: Այլ մեր բացահայտեաց աչաւք տեսեալ զլոյսն երկնաւոր, մի՛ պատահեսցէ մեզ խաւարն արտաքին: Զի ոյք էին ի խաւարի, եկն առ նոսա լոյսն ճշմարիտ. կուրացեալք վրիպեցան ի կենացն, իսկ որք ընկալայքդ հաւատովք, որդիք էք եւ ոչ ատարախորթք, սիրելիք եւ ոչ թշնամիք, բաժանորդք եւ ժառանգորդք վերին իմանալի քաղաքին:

"Isn't the entire world the substance of the Creator of all? And isn't that which they worship and honor a part of the same substance? Now the parts of this world are in service to one another, for if one part is corruptible, then all parts shall become corrupted through it. Also, selection must appear among those parts, with the good being evident to all and those who are capable of understanding it being select among the parts. If this is so, then those who worship are greater than all the pagan cults that they worship and the irrational elements that they serve amiss. They do not worship the God that Is—God who became man—but rather His creatures, for which sin there is no propitiation at the just tribunal.

"Now then! let us discard such obscure thoughts of those who are led astray. Let us consider them as more unfortunate and pitiable than all men, especially because they are blinded of their own will, and shall not therefore find the way of truth. But having seen the heavenly light with your open eyes, do not let external darkness befall us. For the true light came to those who were in the dark, and those who were blind to it have foregone life, yet you who have received the light with faith are sons and not bastards, beloveds and not enemies, and sharers and heirs of the celestial city.

37

CHAPTER V

«Անդ է առաջնորդ փրկութեան մերոյ. աստ քաջութեամբ նախատակեցաւ, եւ զնոյն ուսոյց ամենայն նիզակակից գործակցաց իւրոց Առաքելոց. ընդ որս եւ դուք էք այսաւր կրկին երեւեալ, աւրհնեալք հաւատովք ընդդէմ աներեւոյթ թշնամեոյն, պատենազէն զրահիւք դէմ ընդդէմ ընկերակից սատանայական գործոյն: Եւ եթէ այսպէս եւ եթէ այնպէս, զերկոսեան կողմանսն ի պարտութիւն մատնէք, որպէս եւ Տէրն ինքնին արար աշխարհի. թուեցաւ թէ մեռաւ, այլ նա յայնժամ տարաւ զկատարեալ նախատակութիւնն. զախոյեանն ընկէց, զպատերազմն եհար, զթշնամին ցրուեաց, զաւարն ժողովեաց, զգերիսն դարձոյց, զպարգեւսն բաշխեաց ամենայն սիրելեաց իւրոց ի ձեռն իւրաքանչիւր առաքինութեան:

«Գիտէք դուք ամենեքեան, յառաջ ժամանակաւ հասեալ ձեր ի գործ պատերազմի, թէպէտ եւ էր ձեր սովորութիւն՝ քահանայից հանապազորդել ի մէջ բանակիս, ի ժամ ճակատուցն յանձնեալ ձեզ ի նոցանէ աղաւթիւք՝ յամուր տեղւոջ թողուիք զնոսա, իսկ այսաւր եպիսկոպոսք եւ երիցունք եւ սարկաւագունք, սաղմոսերգողք եւ գրակարդացք իւրաքանչիւր կարգեալ կանոնաւ՝ իբր վառեալք զինու եւ պատրաստեալք ի պատերազմ, կամին ընդ ձեզ յարձակել հարկանել զթշնամիսն ճշմարտութեան: Եւ եթէ մեռանել եւս հասանէ ի նոցանէ, սակայն եւ յայնմանէ ոչ են զանգիտելոց. քանզի լաւագոյն զմեռանելն կամին քան զմեռուցանելն:

"That is where the leader of our salvation is. He was brave-ly martyred here and taught the same to all his fellow warriors and helpers, the apostles, with whom you will appear again to-day in blessed faith against the invisible enemy, clad in armor against the accomplices of Satan. Either way, both sides will sustain defeat, in the same way that the Lord Himself did for the world. He was considered dead, but then he bore perfect nahatakutyun. He cast down his antagonist, waged war, scat-tered the enemy, gathered plunder, restored those in captivity, and distributed gifts to all his beloveds according each one's virtue.

"You all know that in former times, when you went to war, you would have the priests pray for you during battle and leave them in a fortified place, though your custom was to keep them in the camp. Today, the bishops, priests, dea-cons, psalm singers and readers are each ranked canonically, as though armed with weapons and prepared for war, and they wish to attack the enemies of truth along with you. Even if death should come upon them from the enemy, they are not afraid, for they wish more to die than to kill.

«Որպէս զի կրկին աչս ստացեալ ունիցին. հաւատոյ աչաւք զքարկոծանս մարգարէիցն տեսանեն, եւ մարմնոյ աչաւք զքաջութիւն ձերոյ նահատակութեանդ: Մանաւանդ թէ ի ձեզ զերկոսեան իսկ տեսանեմք. քանզի եւ դուք իսկ տեսանէք զչարչարանս սուրբ առաքելոցն եւ զսպանմունս զամենայն սուրբ մարտիրոսացն, որոց մահուամբն հաստատեցաւ սուրբ եկեղեցի, եւ հեղումն արեան իւրեանց եղեւ ի պարծանս վերնոցն եւ ներքնոց: Արդ մինչեւ ի գալուստն երկրորդ՝ նոյն նահատակութիւն կատարի չարչարանաւք»:

Յայս վայր խաւսեցաւ ի գիշերին յայնմիկ սուրբ երէցն Ղեւոնդ, եւ փառատրելով կատարեաց՝ զԱմէնն ասելով: Եւ սեղան ուղղեալ՝ զամենասուրբ խորհուրդն կատարեցին. ուղղեցին եւ աւազան, եւ եթէ գոյր ոք երախայ ի բազմութեան զաւրուն՝ զգիշերն ամենայն մկրտեցին. եւ ընդ առաւաւտս սուրբ աւրինացն հաղորդեցան, եւ այնպէս լուսազգեստք եղեն՝ որպէս ի տերունեան մեծի սուրբ զատկին:

Եւ մեծաւ զուարճութեամբ եւ յոյժ խնդութեամբ աղաղակեաց ամենայն բազմութիւն զաւրացն եւ ասեն. «Հաւասարեսցի մահս մեր ընդ մահու արդարոցն, եւ հեղումն արեան մերոյ ընդ արիւն սուրբ մարտիրոսացն. եւ հաճեսցի Աստուած կամաւոր պատարագաւս, եւ մի՛ տացէ զեկեղեցի իւր ի ձեռս հեթանոսաց»:

"It is as though they have received a second set of eyes—through the eyes of their faith, they see the stoning of the prophets,[9] and through their bodily eyes, they see the courage of your nahatakutyun. We see both in you too, for you also see the suffering of the holy apostles and the killings of all the martyrs, upon the deaths of whom the holy church was established, and whose bloodshed became a source of pride for those above and below. Now until the Second Coming we shall suffer the same nahatakutyun."

Thus did the holy presbyter Ghevond speak that night and concluded by giving glory—Amen. Then they set up an altar and performed the most Holy Sacrament, and set up a font and baptized the catechumens in the crowd through the night; in the morning, they received Holy Communion and were clothed with light, as on the great Holy Easter of our Lord.

The whole multitude of the army cried out with great joy and cheer: "May our deaths equal the deaths of the righteous, and our bloodshed the blood of the holy martyrs. May God be pleased with our voluntary offering and not allow His church to fall into the hands of the heathens!"

---

9 Luke 13:31-35.

Յետ այսորիկ իբրեւ ետես զաւրավար գնդին Պարսից, եթէ հատան պատգամաւորքն ի միջոյ խաբել զնոսա, եւ բարձաւ յոյս ակնկալութեան իւրոյ ցրուել զնոսա յանքակ միաբանութենէն, յայնմ ժամանակի յառաջ կոչէր զանաւրէնն Վասակ եւ զամենայն ուրացեալ իշխանսն, որ էին ընդ նմա յաշխարհէն Հայոց. հարցանէր զնոսա, եւ ուսանէր ի նոցանէ զհնարագիտութիւն յաղթութեան: Եւ իբրեւ ուսեալ տեղեկացաւ զառն առն իւրաքանչիւր քաջութիւնս, կոչէր եւ զբազումս ի զաւրագլխացն՝ որ էին ընդ իւրով ձեռամբ, եւ հրամայէր ածել զառաջեաւ զերամակս փղացն, եւ ի գունդս գունդս զզաւրսն բաժանէր, եւ առ մի մի փիղ երեք հազար սպառազէնք, թող զայլ զաւրսն ամենայն:

Խաւսէր եւ ընդ մեծամեծսն արքունի հրամանաւ եւ ասէր. «Յիշեցէ՛ք այր իւրաքանչիւր զպատուէր մեծ թագաւորին, եւ դի՛ք առաջի զանուն քաջութեան. ընտրեցէ՛ք զմահ քան զկեանս վատութեամբ: Մի՛ մոռանայք զեւղն եւ զպըսակն եւ զուռսն եւ զառատաձեռն պարգեւսն, որ շնորհի ձեզ յարքունուստ: Տեարք էք իւրաքանչիւր գաւառաց, եւ ունիք իշխանութիւն բազում. դուք ինքնին գիտէք զքաջութիւն աշխարհին Հայոց, եւ զառն առն իւրաքանչիւր նահատակութիւն արութեան. գուցէ ձեր ի պարտութիւն մատնեալ՝ կենդանեաւ վրիպիցիք ի մեծ կենացն զոր ունիցիք: Յիշեցէ՛ք զկին եւ զորդիս ձեր, յիշեցէ՛ք զսիրելի բարեկամս ձեր. գուցէ ոտնհար լինիցիք յարտաքին թշնամեացն եւ ողբակիցք ի ներքին սիրելեացն»:

After this, when the general of the Persian army saw that there remained no messengers with which to deceive [the other side] and gave up his hopes and expectations of breaking their inseparable brotherhood, he called forth the lawless Vasak and all the renegade Armenian princes who were with him and questioned them to discover means by which to attain victory. When he was informed of the strengths of each of their men, he summoned the many commanders who were under his authority and ordered them to bring the elephantry. Dividing them into units, he assigned one elephant per 3,000 infantry (not to mention the other forces).

He addressed the grandees with royal authority, saying: "Recall, each of you, the command of the great king, and put before you the name of valor—choose death over a life of cowardice! Do not forget the oil, crown, laurels and generous gifts that will be granted you by the king. You are the lords of each of your provinces, and have much authority. You yourselves know the valor of the Armenians, and the courage and bravery of each man. If you are defeated, you will lose the great lives that you have. Recall your wives and children, recall your dear friends. Perhaps you will be trampled by the enemy from without and lament over your loved ones from within."

Նա եւ յուշ եւս առնէր նոցա զբազում ընկերակիցս փախուցեալս, որք թէպէտ եւ ի պատերազմէն ապրեցան, սրով ընկալան զվճիռ մահուն իւրեանց. ուստերք եւ դստերք եւ ամենայն ընտանիք իւրեանց յանաշխարհիկս գրեցան, եւ ամենայն հայրենի գաւառք հատան ի նոցանէ:

Զայս ասէր, եւ առաւել քան զոյն սաստկացուցանէր զհրամանն արքունի: Կարգէր կազմէր զզաւրսն ամենայն, եւ տարածանէր երկայնէր զճակատն յերկայնութիւն դաշտին մեծի: Եւ իւրաքանչիւր գազանացն յաջմէ եւ յահեկէ զերեք հազարեան սպառազէնսն պատրաստէր, եւ զընտիր ընտիր նահատակացն շուրջ զիւրեաւ գումարէ՛ր. եւ այսպէս ամրացուցանէր զգունդն Մատեան իբրեւ զաշտարակ մի հզաւր եւ կամ իբրեւ զբերդ մի անմատոյց: Նըշանս բաշխէր, դրաւշս արձակէր, եւ ի ձայն մեծի փողոյն պատրաստ հրամայէր լինել: Իսկ զգունդն զԱպարհացի, եւ զԿատշացն եւ զՀոնաց եւ զԳեղաց, եւ զայլս եւս ամենայն զընտիր ընտիր մարդիկ զաւրուն ի մի վայր ժողովէր, եւ հըրաման պատուիրանի տայր ընդ աջմէ կողմանէ իւրոյ զընդին պատրաստ լինել ընդդէմ Հայոց զաւրավարին:

Իսկ արին Վարդան յառաջ մատուցեալ եւ զաւազանին հարցանէր, եւ միաբան ամենեցուն խրատու զզաւրագլուխսն կարգէր:

Զգունդն առաջին տայր ի ձեռն իշխանին Արծրունեաց, եւ նիզակակից նմա զմեծ իշխանն Մոկաց. եւ զայլն ամենայն նախարարեան համհարզս երկոցունց, եւ զամենայն բազմութիւն գնդին թեւս աստի եւ անտի կազմէր նոցա:

He also reminded them about their runaway companions, who, despite surviving battle, were sentenced to death by the sword, with their sons and daughters and entire families exiled, and their ancestral districts taken from them.

He said this and reemphasized the royal command. He arranged his entire army and spread the front line across the width of the battlefield. To the right and left of each of the elephants, he organized 3,000 of the choicest nahataks, thus strengthening the Matean forces like a mighty tower or an impregnable fort. He then distributed emblems and unfurled banners, commanded the army to be ready at the sound of the great horn. He joined together the soldiers of the Aparhatsik, the Katishk, the Huns, the Geghk and many other select troops, and commanded them to support the right flank against the Armenian general.

Then Vartan the brave went and questioned his deputies and joined together all the commanders in unison.

He assigned command of the first division to the prince of Artsrunik and his co-commander, the great prince of Mokk; he assigned many other nakharars as adjutants to these two and ranged all their forces from flank to flank.

Եւ զգունդն երկրորդ տայր ի ձեռն Խորենայ Խորխոռունւոյ, եւ նիզակակից նմա զԸնծայինն եւ զՆերսեհ Քաջբերունի:

Եւ զգունդն երրորդ մատուցանէր ի ձեռն Թաթլոյ Վանանդացւոյ, եւ նիզակակից նմա հրամայէր զՏաճատ Գնթունի, եւ զբազումս ի քաջ արանց աստի եւ անտի ի թեւս նոցա:

Յանձն իւր առնոյր զգունդն չորրորդ, եւ նիզակակից իւր զքաջն Արշաւիր եւ զհարազատ եղբայրն իւր զՀամազասպեան:

Կարգէր եւ կազմէր զճակատն յորդորելով ընդ ամենայն երեսս դաշտին դէմ յանդիման Արեաց գնդին, առ ափն Տղմուտ գետոյն:

Եւ իբրեւ այս այսպէս պատրաստեցան, երկոքեան կողմանքն լի սրտմտութեամբ եւ մեծաւ բարկութեամբ զայրանային, եւ գազանացեալ զաւրութեամբ յիրեարս յարձակէին եւ ամբոխ աղաղակին երկոցունց կողմանց՝ իբրեւ ի մէջ ամպոց շփոթելոց՝ ճայթմունս գործէր, եւ հնչումն ձայնից զքարանձաւս լերանցն շարժէր: Ի բազմութենէ սաղաւարտիցն եւ ի փայլիւն պատենազէն վառելոցն իբրեւ նշոյլք ճառագայթից արեգական հատանէին: Նա եւ ի բազում շողալ սուսերացն եւ ի ճաւճել բազմախուռն նիզակացն իբրեւ յերկնուստ ահագին հրաձգութիւնք եռային: Քանզի ո՞վ իսկ է բաւական ասել զմեծամեծ տագնապ ահաւոր ձայնիցն, ո՛րպէս կոփիւնք վահանաւորացն եւ ճայթմունք լարից աղեղանցն զլսելիս ամենեցուն առ հասարակ խլացուցանէին:

The second division was assigned to Khoren Khorkhor-runi and his co-commanders Entsayin and Nerseh Kajberuni.

The third division was assigned to Tatul Vanandatsi and his co-commander Tajat Gntuni, flanked on both sides with many brave men.

He himself took command of the fourth division in command with valiant Arshavir and his brother Hamazaspian.

He ranged his front along the entire length of the battlefield in opposition to the Aryan army at the bank of the Tghmut river.

When all these preparations had been made, the two sides went into a furious rage and attacked one another with brutal power, and the clamor from both sides erupted like thunder from the clouds and the sounds of their voices made the caves of the mountains shake. The multitude of helmets and glimmering armor shone like the rays of the sun and the beaming of the many swords and swinging masses of spears gushed like a stream of fire from the heavens. For who can adequately describe the great commotion of all the horrible sounds, such as the clashing of the shield-bearers and the crack of the bowstrings that deafened everyone's ears?

Անդ էր տեսանել շտապ մեծի տագնապին եւ զաղէտս անբաւ տարակուսանացն երկոցունց կողմանցն՝ առ ի յանդուգն յարձակմանէն զմիմեանս բախելով. քանզի թանձրամիտքն յիմարէին եւ վատասիրտքն լքանէին. քաջքն խիզախէին եւ նահատակքն գոչէին: Եւ խումբ արարեալ ամենայն բազմութեանն՝ զգետն ի մէջ փակէին, եւ զանգիտեալ գունդն Պարսիցի դժուարութենէ գետոյն՝ զտեղեաւն զեռալ սկսան: Իսկ գունդն Հայոց հասեալ անցանէին, ձի ի վերայ առեալ յարձակէին մեծաւ զաւրութեամբ. սաստկապէս բախեալք ընդ միմեանս, յերկոցունց կողմանց բազում վիրաւորք յերկիր անկեալ դիաթաւալ խաղային:

Յայնմ մեծ տագնապի ի վեր հայեցաւ քաջն Վարդան, եւ տեսանէր զընտիր ընտիր քաջ նահատակաց Պարսից զաւրուն, զի զձախակողմն շարժեցին զՀայոց գնդին. մեծաւ ուժով յարձակէր ի տեղին, եւ զաջ թեւն Պարսից գնդին բեկեալ՝ արկանէր զգազանաւքն, եւ շրջան առեալ կոտորէր մինչեւ ի նոյն տեղի: Եւ այնպէս շտապ տագնապի ի վերայ հասուցանէր, մինչեւ գունդն Մատեան քակեալ բաժանեցան ի մեծ ամուր պատրաստութենէն, դեռ եւս քաջ քաջ ի փախուստ դառնային:

Ապա դէտակն ի վեր ամբառնայր Մուշկան Նիսալաւուրտ, քակեալ զոմանս տեսանէր ի գնդէն Հայոց, եւ զկնի մնացեալ ի հովիտս լերանցն: Վասն որոյ զաղաղակ բարձեալ՝ քաջալերէր շուրջ զիւրեաւ զզաւրս Արեաց, որք զտեղի առեալ կային ընդդէմ գնդին Վարդանայ: Եւ անդէն ի տեղւոջն երկոքին կողմանքն զպարտութիւն խոստովանէին, եւ առ յոյժ թանձր անկեալ դիականցն իբրեւ զքարակոյտս դերբկաց երեւէին:

There, one could see the urgency of the great commotion and the calamity of immense doubt on both sides as they resolutely attacked each other. For the thick-headed became crazed and the faint-hearted abandoned the fight; the brave ones ventured forth and the nahataks roared. Then, forming a group, the whole multitude enclosed the river in their midst and the distressed Persian army began fuming because of the obstruction of the river. Yet the Armenian army crossed the river and the cavalry waged a vigorous attack. The two sides clashed intensely with one another, and many wounded soldiers fell to their deaths.

In that great commotion, Vartan the Brave looked up and saw that the most elite warriors of the Persian army had disrupted the left flank of the Armenian army; he powerfully attacked that spot, breaking the right flank of the Persian army together with their elephants, and surrounding them he cut them back to the same place. He inflicted so much terror on them that the Matean unit disbanded and dispersed despite all their great preparations, and their most valiant men turned in flight.

Then Mushkan Nisalavurt looked up and saw that some of the Armenian soldiers had detached and fallen behind in the valleys of the mountains. Thus he cried out to urge the Aryan soldiers who were fighting Vartan's regiment to surround him. It was at that spot that both sides agreed to surrender, near a thick pile of fallen corpses resembling a craggy pile of rocks.

Զայն իբրեւ ետես Մուշկան Նիսալաւուրտ, մնայր գազանացն Արտաշրի, որ ի վերայ նոցա նստէր ի բարձր դիտանոցին իբրեւ յամուր քաղաքի. եւ ի ձայն մեծ գալարափողոցն զիւր գունդսն ստիպէր, եւ յառաջամարտիկ զաւրաւքն զնա ի մէջ փակէր:

Իսկ կորովին Վարդան իւրովք քաջ նիզակակցաւքն ոչ սակաւ նախճիրս ի տեղւոջն գործեաց, յորում տեղւոջ եւ ինքն իսկ արժանի եղեւ առնուլ զկատարեալ նահատակութիւնն:

Եւ յերկարել գործոյ պատերազմին՝ աւրն տարաժամէր, եւ մաւտ առ երեկս կարճատէր. բազմաց աւրահասք մահու հասանէին, մանաւանդ ի թանձրութենէ անկեալ դիականց մաւտ առ մաւտ խտացեալ իբրեւ զփայտահարս մայրաւորաց:

Անդ էր տեսանել զբեկումն նիզակացն եւ զխորտակումն աղեղանց. վասն այնորիկ եւ ոչ կարէին կալ ճշմարտիւ ի վերայ սուրբ մարմնոյ երանելեացն. եւ սաստիկ խուճապ տագնապի էր կողմանցն երկոցունց անկելոց: Եւ որք մնացեալքն էին՝ վատնեալք եւ ցրուեալք լինէին ի լեռնադաշտս ամուր ձորոցն. եւ յորժամ պատահէին միմեանց՝ դարձեալ միւսանգամ զմիմեանս սատակէին: Եւ մինչեւ ի մուտս արեգականն անդադար լինէր գործ դառնութեանն:

Եւ քանզի գարնանային էր ժամանակն, ծաղկալից դաշտքն դառնային յորդահոսանս արեանց բազմաց: Մանաւանդ յորժամ տեսանէր ոք զբազմակոյտ դիականցն անկելոց, սիրտն բեկանէր եւ աղիքն գալարէին՝ լսել զմնչիւն խոցելոցն եւ զմռնչիւնս բեկելոցն, զթաւալգլոր խաղալ սողալ վիրաւորացն, զփախուստ վատացն, զթաքուստ լքելոցն, զսրտաթափումն զանարի արանցն, զճչիւն կանացեացն, զողբս սիրելեացն, զաշխարումն մերձաւորացն, զվայ եւ զաւաղ բարեկամացն: Քանզի ոչ եթէ կողմ էր՝ որ յաղթեաց, եւ կողմ էր՝ որ պարտեցաւ, այլ քաջք ընդ քաջս ելեալ՝ երկոքին կողմանքն ի պարտութիւն մատնեցան:

When Mushkan Nisalavurt saw this, he waited for the elephants of Artashir, who was seated upon one of them as though on a high watchtower of a fortified city. The horns sounded, urging his soldiers and those on the frontline to surround Vartan.

Mighty Vartan together with his fellow soldiers inflicted no little carnage there at that very spot where he became worthy of perfect martyrdom.

The battle prolonged until the day grew late and nightfall closed in. Many had died, and the fallen corpses were densely scattered on the ground like the fallen trees of forests.

One could observe broken spears and ruined bows because of which the holy bodies of the blessed ones could not be identified and a panicked commotion befell both sides. Those who survived dissipated and scattered across the plains of the strong valleys of the mountains, but whenever they encountered each other again they continued to kill each other and there was no end to this bitterness until the sun had set.

As it was spring, the flowery meadows were flooded with blood; one's heart would break, especially upon seeing the heaps of fallen corpses, and his gut would wrench on hearing the groans of the stricken ones, the bellowing of the broken ones, the wallowing and crawling of the wounded, the flight of the cowards, the hiding of the deserters, the dismay of the weak ones, the moans of the women, the lamentations of loved ones, the weeping of relatives and the woes and sorrows of friends. For it was not that one side won and the other lost, but that brave men rose up against brave men and both sides suffered defeat.

Բայց քանզի անկեալ էր զաւրավարն Հայոց ի մեծ պատերազմին, ոչ ոք գոյր այնուհետեւ ի մէջ գլխաւոր, յոր յեցեալ ժողովէին զունդք մնացելոցն: Թէպէտ եւ բազում այն էր որ ապրեցան՝ քան թէ որ մեռանն, սակայն ցանեալ ցրրուեցան, եւ հասեալ անկանէին ի տեղիս տեղիս յամուրս աշխարհին, եւ բռնանային ի վերայ բազում գաւառաց եւ բերդից, զոր եւ ոչ առնուլ իսկ ոք կարէր:

Եւ այս անուանք են քաջ նահատակացն, որ անդէն ի տեղւոջն կատարեցան.

Յազգէն Մամիկոնէից Քաջն Վարդան հարեւր երեւուն եւ երեք արամբք:

Յազգէն Խորխոռունեաց Խորէնն Կորովի իննեւտասան արամբք:

Յազգէն Պալունեաց Արին Արտակ յիսուն եւ եւթն արամբք:

Յազգէն Գնթունեաց Զարմանալին Տաճատ իննեւտասան արամբք:

Յազգէն Դիմաքսենից Իմաստունն Հմայեակ քսան եւ երկու արամբք:

Յազգէն Քաջբերունեաց Հրաշակերտն Ներսեհ եւթն արամբք:

Յազգէն Գնունեաց Մանուկն Վահան երիւք արամբք:

Յազգէն Ընծայնոց Արդարն Արսէն եւթն արամբք:

Յազգէն Սրուանձտայ Յառաջադէմն Գարեգին երկու հարազատաւքն եւ ութուտասան արամբք:

But because the Armenian general had fallen in the great battle, there was no leader among them to gather the remaining troops. Although the survivors outnumbered the fallen, they suddenly scattered to the various strongholds of the country and took over many districts and fortresses which no one was able to take from them.

These were the names of the brave nahataks who were martyred there:

From the Mamikonian *azg*, Vartan the Brave and 133 men.

From the Khorkhorunik azg, Khoren the Mighty and 19 men.

From the Palunik azg, Artak the Strong and 57 men.

From the Gntunik azg, Tajat the Astonishing and 19 men.

From the Dimaksian azg, Hmayeak the Wise and 22 men.

From the Kajberunik azg, Nerseh the Wonderful and 7 men.

From the Gnunik azg, Vahan the Lad and 3 men.

From the Entsaynik azg, Arsen the Just and 7 men.

From the Srvandzteayk azg, Karekin the Vanguard, together with two kinsmen and 18 others.

Այս երկերիւր ութսուն եւ եւթն նահատակք, ընդ ինն մեծամեծ նախարարսն անդէն ի տեղւոջն կատարեցան: Եւ յարքունի տանէն եւ ի տանէն Արծրունեաց եւ յիւրաքանչիւր յայլոց նախարարաց տանէն, թող զայս երկերիւր ութսուն եւ եւթնս, եւ այլ եւս եւթն հարեւր եւ քառասուն այր, որք զանուանս իւրաքանչիւր ի դպրութիւն կենաց գրեցին ի նմին աւուր ի մեծ պատերազմին: Եւ միահամուռ լինի ամենայն հազար եւ երեսուն եւ վեց:

Իսկ ի կողմանէ ուրացելոցն անկանէր յայնմ աւուր երեք հազար հինգհարիւր քառասուն եւ չորք այր: Ինն այր ի նոցանէ ի մեծ պատուաւորացնէր, վասն որոյ եւ կարի յոյժ ի խոր խոցեցաւ Մուշկան Նիսալաւուրտ: Մանաւանդ իբրեւ ետես զանհնարին հարուածսն երեքպատիկ զիւրոյ գնդին քան զՀայոցն, բեկաւ անկաւ զաւրութիւն ուժոյն իւրոյ, եւ ոչ հանդարտէր կալ ի վերայ խորհրդոց մտացն. քանզի ոչ որպէս կարծէր զպատերազմն՝ կատարեցաւ: Մանաւանդ իբրեւ հայէր տեսանէր զբազմութիւն անկելոց իւրոյ կողմանն, եւ թիւ համարոյ եւս առնէր, եւ իբրեւ այնչափ յոլով գտանէր զիւր անկեալսն քան զՀայոց գնդին, եւս առաւել վասն երեւելի արանցն, զորս յականէ յանուանէ գիտէր թագաւորն, ի մեծ տագնապի լինէր այրն յանձն իւր: Արդարութեամբ զիրսն գրել եւ ցուցանել՝ ի թագաւորէն երկնչէր. Դարձեալ եւ թաքուցանել եւս ոչ կարէր, քանզի ոչ ծածկէր այնպիսի մեծ կռիւ:

These 287 nahataks were martyred there along with the nine great nakharars. Aside from these, there were another 740 men from the royal house, the house of Artsrunik and the houses of each of the other nakharars, each of whom wrote their names in the Book of Life on the same day in that great battle. Altogether they numbered 1,036.

On the side of the apostates, 3,544 men fell on that day. Nine of them were great dignitaries, on account of which Mushkan Nisalavurt was extremely grieved. When he saw the unbelievable losses of his army were three times worse than that of the Armenian army, his strength and power failed and he was unable to quieten his mind, for this is not how he had thought the war would end. He was all the more disturbed when he saw the multitude of fallen soldiers on his side, and when he took estimates and found his casualties to be far greater than the Armenian army's. He was even more disturbed for the sake of the prominent men whom the king knew personally. He feared to write to the king and demonstrate these losses, yet he could not hide them either, for such a large battle could not be concealed.

Եւ մինչդեռ յայսմ մտաց խորհրդի էր յանձն իւր եւ նեղէր ի միտս իւր, ուրացեալն Վասակ, որ զանձն իւր ի մէջ գազանացն թագուցեալ ապրեցոյց, մխիթար մատուցանէր մտացն լքելոց, եւ ուսուցանէր նմա հնարս նենգութեամբ, թէ ո՛րպէս կարասցէ մարտնչել ընդ ամուրսն խաբէութեամբ: Երդմունս կնքէր արքունի հրամանաւ եւ վկայութեամբ անձին իւրոյ եւ խաբեբայ երիցամբքն, որ ընդ նմայն էին. պատգամաւորս առնէր զնոսա, եւ երեւեցուցանէր զթողութիւն ապստամբութեանն առ ի շինութիւն եկեղեցւոյ շնորհել անդրէն, եւ զամենայն կարգս անդրէն յարմարել ըստ առաջին սովորութեանն: Թէպէտ եւ հրաման թագաւորին հաստատութեամբ էր տուեալ, վասն զի յոյժ բեկաւ զաւրութիւն նորա, որպէս զի երկոքին կողմանք նորա հարան, սակայն զաւրքն Հայոց վասն նենգութեանն Վասակայ, որ բազում անգամ հասեալ էին ի վերայ ստութեան նորա, վասն այնորիկ եւ հրամանի թագաւորին վաղվաղակի ոչ կարէին հաւատալ:

While he was pre-occupied and troubled with these thoughts, the apostate Vasak, who had survived by hiding himself among the elephants, began consoling Mushkan and instructed him about deceptive means by which he could deceitfully attack the strongholds. He sealed solemn declarations with royal authority based on his own testimony and those of the fraudulent priests who were with him. He sent them as envoys to the Armenians, making it seem as though their rebellion had been pardoned, and that they could restore their churches and conduct all affairs according to their former customs. Although the king had indeed commanded this, for his power was now shattered, having been struck on both sides; yet the Armenian army, having been lied to many times due to Vasak's guile, was unable to believe it at once.

Ջ

ՅՈՐՈՒՄ ԿԱՐԳԱԳԻՐ ԴԱՐՁԵԱԼ ԱՌԱՔԻՆՈՒԹԻՒՆՆ ՀԱՅՈՑ ԵՒ ՉԱՐԱԳՈՅՆ ԵՒՍ ԵՐԵՒԻ ԱՆԱՒՐԷՆՈՒԹԻՒՆՆ ՎԱՍԱԿԱՅ

Արդ դարձեալ յայնժամ դրդեաց զՄուշկան Նիսալաւուրտ եւ զամենայն աւագանին Արեաց. առեալ զզաւրսն՝ հասանէր ի վերայ ամրոցին, յոր անկեալ էին գունդ մի ի զաւրացն Հայոց հանդերձ սուրբ քահանայիւքն, եւ մարտ եդեալ կըռուէին շուրջ զբերդաւն: Եւ իբրեւ ոչինչ կարացին ազդել նոցա, դարձեալ յերդմունս ապաստան եղեալ, զի ուխտիւ իջուսցեն զնոսա առանց դաւ ինչ գործելոյ, եւ երկիցս եւ երիցս անգամ ետուն տանել զաւետարանն: Թէպէտ եւ քահանայքն յանձն առնուին զիջանելն կալ առաջի, բազումք ի զաւրականացն ոչ կարէին հաւատալ սուտ ուխտին Վասակայ. քանզի սկսաւ երթալ Մուշկան Նիսալաւուրտ զհետ չար խրատուն Վասակայ:

Մի ոմն ի քաջ զաւրականէն Հայոց, որ անկեալ էր ի բերդն փախստեամբ, Բակ անուն, ելեալ ի պարիսպն թըշնամանս դնէր անաւրինին, եւ ցուցանէր առաջի Պարսից զաւրագլխին զամենայն չարիսն, զոր անցուցեալ էր նորա ընդ աշխարհն Հայոց: Զոր եւ բազումք լուեալ՝ արդարացուցանէին զամբաստանութիւնն, ոչ միայն ի Հայոց կողմանէն, այլ եւս առաւել զաւրքն Պարսից: Սոյն այրս այս ի նմին գիշերի եւթն հարեւր արամբք ել գնաց ի բերդէ անտի, եւ ոչ կարացին ձեռն արկանել ի նա:

VI

A FURTHER ACCOUNT OF THE VIRTUE OF THE ARMENIANS; THE LAWLESS VASAK APPEARS TO BE EVEN MORE WICKED

Now Vasak incited Mushkan Nisalavurt and all the Aryan no-bility. Taking his soldiers, he arrived at the stronghold where a detachment of the Armenian army had taken refuge together with the holy priests and came to battle around the stronghold. But when they could not effect anything, they once again re-sorted to making oaths in order to bring the Armenians down, and twice and thrice had the Gospel taken to the Armenians. Although the Armenian priests consented to go down before the Persians, many of the soldiers were unable to believe Va-sak's false promise, for Mushkan Nisalavurt started to follow his wicked counsel.

One of the brave Armenian soldiers named Bak who had taken to the fortress in flight climbed the wall, reproached the impious one, and revealed before the Persian commander all the disasters that he had brought to pass upon Armenia. Having heard him, many people (not only from the Armenian side, but more so from the Persian army) verified his accusa-tion. That same night, this same man left the stronghold along with 700 men, and none of them could lay a hand on him.

CHAPTER VI

Իսկ որ ի ներքս յամրին մնացին, թէպէտ եւ գիտէին ճշմարտիւ զխաբեբայ երդմունս նոցա, ոչ ունէին համբար ի ներքս. իբրեւ ոչ կամաւ իջեալ կացին առաջի, հրամայեաց սպանանել ի նոցանէ երկերիւր եւ երեքտասան այր: Աղաղակեցին ամենեքեան եւ ասեն. «Գոհանամք զքէն Տէր Աստուած մեր. մինչդեռ չէն են եկեղեցիք եւ անքակ տաճարք վկայից եւ միաբան սուրբ ուխտ եկեղեցւոյ եւ առաքինացեալ, արժանի արարեր զմեզ կոչմանդ երկնաւորի: Հաւասարեցի մահս մեր ընդ մահ քաջ նահատակացն, եւ խառնեսցի արիւնս մեր ընդ արիւն անկեալ վիրաւորացն, եւ հաճեսցի Տէր ընդ եկեղեցիս իւր՝ բազմութեամբ կամաւոր զուարակացս, որ ելանեն ի վերայ սուրբ սեղանոյս»: Զայս ասելով ի տեղւոջն կատարեցան երկերիւրքն եւ երեքտասանքն:

Իսկ սուրբ քահանայքն՝ որ անդ դիպեցան յամուրսն, երանելիքս այս Յովսէփ եւ Ղեւոնդ՝ բազում ընկերակցաւքն իւրեանց, մատուցին եւ նոքա զպարանոցս իւրեանց առաջի սրոյ դահճապետին, ասելով զնոյն բանս՝ զոր խաւսեցան երկերիւրքն: Քանզի ոչ եթէ ակնկալութիւն ինչ էր երանելեացն ըստ մարմնաւոր կենացս, այլ իմաստութեամբ հնարս խնդրէին լինել փոխանակ ամենայն աշխարհին շինութեան: Վասն որոյ եւ բողոք ի դուռն կարդային, եւ զամենայն ամբաստանութիւն արկանէին զանաւրէնն զՎասակաւ: Զայս իբրեւ լուաւ Մուշկան Նիսալաւուրտ, ոչ իշխեաց ի նոսա ձեռն արկանել մահուամբ. այլ զՅովսէփ եւ զՂեւոնդ զան հարեալ՝ հրամայեցին պահել զգուշութեամբ, քանզի բողոք ի դուռն կարդացին. իսկ զայլ քահանայսն արձակեցին յիւրաքանչիւր տեղիս, հրաման տուեալ վասն շինութեան եւ խաղաղութեան աշխարհին:

As for those who remained inside the stronghold, they knew that the oaths were merely a deception, yet they had no provisions left. When they were at last forced to go down, 213 of them were condemned to death. They all cried out and said: "We thank you, Lord our God. Our churches are still standing, the temples of the martyrs are indestructible, the holy covenant of the church is united and virtuous, and you have made us worthy of your heavenly calling. Equate our deaths to the deaths of the brave martyrs, mix our blood with the blood of the fallen, and may the Lord be pleased with His churches that are full of willing sacrificial bulls raised upon the holy altars." Having said this, the 213 men were martyred there.

The holy priests who were in the stronghold (the blessed Hovsep and Ghevond along with their many companions) also offered their necks to the sword of the executioner with the same words that the 200 before them had spoken. For the blessed ones, having no expectation for their physical lives, wisely sought means by which to exchange themselves for the prosperity of the whole country. Therefore, they protested to the court, charging all the blame on the lawless Vasak. When Mushkan Nisalavurt heard this, he did not dare to kill them, but ordered Hovsep and Ghevond to be flogged and carefully guarded because they had protested to the royal court. They dismissed the other priests, each to his place, and orders were given to prosper and pacify the country.

Այլ մարդիկն Հայոց, որ հասեալ էին ի վերայ յեղյե-ղուկ հրամանաց թագաւորին եւ ուրացեալ չարիմացին Վա-սակայ, ոչինչ հաւատային սուտ թողութեանն. այլ քաջալե-րէին զմիմեանս եւ ասէին. «Զի՞ պիտոյ է մեզ բնաւ կեանք անցաւոր աշխարհիս, եւ կամ ընդէ՞ր տեսանեմք զարեւ յետ մերոց սիրելեացն։ Զի եթէ քաջ նահատակքն մեր անկան ի մեծ պատերազմին, եւ բազում վիրաւորք տապալեցան յարիւն յապաժոյժ ի մէջ դաշտին, եւ ամենեցուն մարմինքն եղեն գէշ թռչնոց եւ կերակուր գազանաց, եւ պատուական նախարարքն մեր հասին յանարգութիւն թշուառութեան, լքին զիւրաքանչիւր իշխանութիւն եւ են ի հալածանս նեղու-թեան, եւ ամենայն փափկութիւնն Հայոց եհաս ի վիշտս վտանգի եւ յանհնարին ապականութիւն, ոչ անսամք խա-բեբայ հրամանացդ եւ անկանիմք ի ձեռս անաւրէն իշխա-նացդ»։

Թողին այնուհետեւ իւրաքանչիւր զգեւղս եւ զաւանս եւ զագարակս։ Ելին հարսունք յառագաստից եւ փեսայք ի սենեկաց, անկան ծերք յաթոռոց եւ տղայք ի գրկաց. եր-թային երիտասարդք եւ կուսանք եւ ամենայն բազմութիւն արանց եւ կանանց, հասեալ ունէին զամուրս անապատին եւ զանխաբ տեղիս բազում լերանց։ Լաւ համարէին զգա-զանաբար բնակութիւնն աստուածպաշտութեամբ ի քա-րանձաւս կեալոյ, քան ուրացութեամբ փափկանալ յիւրա-քանչիւր շինուածս։ Առանց տրտնջելոյ համբերէին խո-տաբուտ կերակրոցն, եւ ոչ յիշէին զսովորական խոր-տիկսն։ Համարեալ էին նոցա դարափորքն իբրեւ զյարկս բարձրաբերձ շինուածոց, եւ գետնանկողինքն իբրեւ զնկար-եալ պաստգամս։

Thus, the Armenian people, having understood the erratic commands of the king and the apostasy of the malignant Vasak, did not fall for this pseudo-pardon, but encouraged each other, saying: "Why is this transient, worldly life necessary to us? Why should we see the sun after our loved ones [have departed]? For if our brave nahataks fell in the great battle, and many of the wounded [soldiers] fell in the field stained with blood, all their bodies becoming carrion for birds and food for beasts, and our honorable nakharars suffered the misery of dishonor, each abandoning his dominion and being persecuted and troubled, and all the delicate ones of Armenia suffered the griefs of danger and extreme desolation, then we shall not hearken to your deceitful commands nor fall into the hands of your lawless rulers."

Then they each left their villages, towns and fields. The brides and grooms left their chambers and rooms; old men fell from their chairs and children out of laps. The youths, the maidens and all the men and women went and took refuge in the strongholds of the wilderness and the invulnerable places of many mountains. They considered it better to live like animals in caves but with piety than to live comfortably in their own dwellings but as apostates. They subsisted on herbs without grumbling, and did not so much as recall their customary foods. They imagined those caverns as floors of lofty buildings and the floor upon which they slept as picturesque balconies.

Սաղմոսք էին նոցա մրմնջումնք երգոց, եւ ընթերցըռւածք սուրբ գրոց կատարեալ ուրախութիւնք: Ամենայն մարդ յանձն իւր եկեղեցի էր, նոյն ինքն քահանայ. մարմինք իւրաքանչիւր՝ սուրբ սեղան, եւ ոգիք նոցունց՝ պատարագ ընդունելի: Քանզի ոչ ոք ի նոցանէ ողբայր յուսահատութեամբ զանկեալսն ի սրոյ, եւ ոչ ոք հեծեծելով հառաչէր ի վերայ մերձաւոր սիրելեաց իւրոց: Խնդութեամբ ընկալան զյափշտակութիւն ընչից բազմաց, եւ ոչ յիշէին ամենեւին՝ եթէ եղեալ իցեն նոցա ստացուածք: Համբերութեամբ ճըգնէին եւ մեծաւ առաքինութեամբ տանէին զքաջ նահատակութիւնն: Զի եթէ ոչ բացաւ աչաւք տեսանէին զյոյսն խնդալից, եւ ոչ կարէին իսկ գործել զայնպիսի մեծ առաքինութիւն:

Քանզի բազումք յազգէ ի մեծ նախարարացն էին, եւ եղբարք եւ որդիք եւ դստերք, հանդերձ ամենայն սիրելեաւք իւրեանց ի մէջ ամրական վայրացն, ոմանք յանլոյս երկիրն Խաղտեաց, եւ այլ բազումք ի կողմանս հարաւոյ՝ յանմատոյց ամուրսն Տմորեաց, եւ կէսքն ի թանձրախիտ մայրիսն Արձախոյ, եւ այլ ոմանք անդէն ի միջոց աշխարհին բռնացան ի վերայ բազում ամրոցացն: Եւ ամենեքին մեծաւ համբերութեամբ տանէին զբազում նեղութիւնն վասն սիրոյն Քրիստոսի, եւ զայս միայն աղաչելով խնդրէին յԱստուծոյ, մի՛ տեսանել նոցա զաւեր սուրբ եկեղեցեաց:

Psalms were their murmured songs; their readings of Holy Scripture, utter joy. Everyone was in himself a church and a priest, their bodies each a holy altar, and their souls an acceptable offering. For not one of them mourned despairingly for those who had fallen by the sword, and no one sobbed or sighed over their loved ones. They joyfully accepted the theft of their many belongings and did not so much as recall that these had been theirs. They patiently and very virtuously bore their nahatakutyun, for had they not seen the Joyful Hope with their open eyes they could not have acted so virtuously.

The nakharars were from many azgs, their brothers, sons, daughters and all their loved ones in secure places. Some were in the somber land of Khaghtik, many others in the southern regions, yet others in the impregnable fortresses of Tmorik, and about half were in the dense forests of Artsakh, while others in the interior of the land had also taken over many fortresses. They all bore many troubles with great patience out of their love of Christ, only praying to God that they not witness the destruction of the holy churches.

CHAPTER VI

Այլ որպէս ցուցաք բազում անգամ զամբարշտին չարութիւն, յորդորէր եւ ստիպէր զզաւրսն Պարսից ի մաւտաւոր կողմանց աշխարհին, զի հրամանաւ արքունի զաւր եկեսցէ յաւգնականութիւն նոցա: Եւ հասեալ բազում այրուձի՝ յաւելոյր ի թիւ անկելոցն, եւ լինէր գունդ բազմութեան իբրեւ զառաջինն: Եւ յառաջ խաղային ի միջոց աշխարհին, մարտ եղեալ կռուէին ընդ մեծ ամուրս Կապոյտ լերինն: Իսկ որ ի ներքսն էին, քաջութեամբ մարտուցեալ հարկանէին զբազումս ի գնդէն Պարսից, եւ զմնացեալսն փախստական ի բանակն արկանէին: Իսկ նոքա դարձեալ յողոքանս մատուցեալ՝ նուաճել խաբէութեամբ կամէին:

Իբրեւ ոչ ոք հաւատաց իջանել առ նոսա, զի մի՛ մատնեսցին չարաչար ի ձեռս թշնամեացն, սակայն վասն երդմանցն հարկ եղեւ քահանայի մի իջանել առ նոսա, որում անունն էր Արշէն: Խաւսէր ընդ նոսա յաղերս ընտանութեամբ, եւ ցուցանէր զանվնաս փախուստ անմեղացն, արկանէր գութ առաջի ուրացելոյն Վասակայ, եւ պաղատելով յիշեցուցանէր նմա զառաջին կարգ ուխտին քրիստոնէութեան, զի թերեւս սակաւիկ մի քաղցրասցի յանհնարին դառնութենէն: Այլ նա ոչ ինչ լուաւ եւ անսաց բազում բանիցն նորա, կապեաց եւ խաղացոյց զերանելին եւ որք ընդ նմա իջեալ էին:

In the same manner that we have amply demonstrated the wickedness of the lawless one, with royal authority he incited and pressed the Persian army to come to their assistance from the adjacent regions of the land. A multitude of cavalry arrived, replenishing the troops and restoring them to their original number. They advanced toward the interior of the country and attacked the great fortress of Kapuyt Ler.[10] Those within fought valiantly and struck down many of the Persian soldiers and put the remainder to flight back to their camp. Then they once more turned to coaxing them so as to subjugate them by deceit.

Although no one trusted to go down to them lest he betray himself into the torturous hands of the enemy, a priest named Arshen was compelled to do so because of the oaths that they had made. He pled with them as though they were kin, demonstrated the harmless escape of the innocent ones, appealed to the pity of the apostate Vasak and earnestly reminded him of his former rank in the Christian covenant, that perhaps he would mellow down a bit his extraordinary bitterness. But Vasak neither heard nor obeyed his many words, and instead fettered and took away the blessed man and those who had gone down with him.

---

10 *Kapuyt Ler:* "Blue Mountain".

Մանաւանդ իբրեւ ետես, եթէ երթայ զաւրավարն զհետ խրատու կամաց նորա, սկսաւ այնուհետեւ ի բազում տեղիս արձակել զասպատակաւորս, եւ զոր արտաքոյ քան զամուրսն գտանէին զբազմութիւն մարդկանն, վարեցին ի գերութիւն. եւ ղամբար ի ձեռն առեալ հրձիգ առնէին զբազում տեղիս: Իսկ որք էին յամուրս Տմրեաց, իբրեւ լուան զայս ամենայն չարիս, զոր գործեցին զաւրքն արքունի, ոչինչ շահ աւգտի համարէին զկեալն ի մէջ ամրականացն: Քաջութեամբ ելեալ յարձակեցան աւգնականութեամբ ամրականացն, եւ հասեալ ի մաւտաւոր աշխարհն Պարսկաց, յանխնայ կոտորելով՝ նախճիրս արեան գործէին, եւ զմնացեալսն գերի առեալ տանէին, եւ անդէն յամուրսն արկանէին, եւ զշինուածսն աշխարհին ղամբար ի ձեռն առեալ հրոյ ճարակ տային:

Դարձեալ եւ որք էին ի լերինս Խաղտեաց, իբրեւ տեսին եթէ յանդգնաբար զաւրքն Պարսկաց յաներկեւղս իջանեն յամուրս աշխարհին Հայոց, յարձակեցան եւ նոքա մեծաւ զաւրութեամբ ի ձորս գաւառն Տայոց: Եւ գտին անդ գունդ բազում ի զաւրացն արքունի, որ գերի առնուլ կամէին զամրականս աշխարհին. դարձեալ եւ կարծէին եւս, եթէ գանձք նախարարացնանդ իցեն, վասն այնորիկ եւ յանխնայ յուզէին զվայրսն:

Նա եւ տեսին եւս անդ ի գեւղս երկուս, որ զեկեղեցիսն այրեցեալ էր. առաւել եւս վասն այնր ի նախանձ բարկութեան բրդեցան: Յարձակեցան, հարան ի դիմի միմեանց, եւ կամակարութեամբ յաղթեալ, բեկեալ արկին զզաւրութիւն գնդին Պարսից, եւ կոտորեցին զբազումս ի նոցանէ, եւ զմնացեալսն փախստական հանէին յաշխարհէն:

Above all, when he saw that the general was following his advice, he began unleashing marauders in many places. The many people they found outside the fortresses they took as captives, and, torch in hand, set fire to many places. When those in the fortresses of Tmorik heard of all the evil perpetrated by the royal army, they no longer considered it profitable to live there. Leaving bravely, they went on the attack with the fortress-guards and reaching the land adjacent to Persia and unsparingly causing destruction, they wrought bloody carnage and took the rest of the inhabitants away as captives into their fortresses. Then, torch in hand, they burned down the buildings of their country.

When those in the mountains of Khaghtik saw that the Persian army was fearlessly descending upon the fortresses of Armenia, they powerfully attacked the valley of Tayk where they found a large detachment of the royal army that was trying to take the fortress-guards of the country as captives, and who, thinking that the nakharars would have treasures, unsparingly searched the area.

And they also saw that churches had been set on fire in two villages, which infuriated them. They attacked, battled and resolutely won, cutting down the strength of the Persian detachment, destroying many of them and causing the rest to escape from the country.

Եւ յայնչափ յանդուգն յարձակմանէն՝ միայն երանելին Հմայեակ, եղբայր սպարապետին Հայոց Վարդանայ, յանխնայ քաջութեամբ մարտուցեալ՝ կատարեցաւ նահատակութեամբ ի վերայ սուրբ ուխտին միաբանութեան: Եւ այլքն ամենայն ողջանդամ ապրեալք երթային զհետ փախըստականին:

Եւ իբրեւ այս այսպէս կատարեցաւ, դադարեցին զաւրք թագաւորին խառնամուխ լինել յամենայն տեղիս անխտրութեամբ, եւ եւս առաւել ձեռնպահ լինել եկեղեցեացն: Դարձեալ միւսանգամ անդրէն հարցանել սկսան յարքունիսն:

Նա եւ որ յԱրձախայ մայրիսն անկեալքն էին փախըստականք, ոչ ինչ լռեալ դադարեցին խաղաղութեամբ. այլ համապազ յղէին յաշխարհն Հոնաց, շարժէին եւ յորդորէին զգունդն Հոնաց, եւ յիշեցուցանէին նոցա զուխտն, զոր եդեալ էր ընդ Հայս եւ անսուտ երդմամբ հաստատեալ: Հաճոյ թուէր բազմաց ի նոցանէ լսել զբանսն քաջութեամբ: Նա եւ մեղադիր եւս յոյժ լինէին նոցա, եթէ ի կռիւն ընդէ՞ր ոչ եկիք պատրաստութեամբ: Եւ իբրեւ յառաջնումն ինչ ոչ հնարէին զմիմեանս հաւանեցուցանել, ապա գունդ բազում գումարէին, եւ անդէն յարձակեալ հասանէին ի սահմանս տէրութեանն Պարսից. եւ զբազում գաւառս հարեալ, բազմագոյն եւս գերի առեալ տանէին յաշխարհն իւրեանց, եւ յայտնի ցուցանէին թագաւորին զմիաբանութիւնն զոր ունէին ընդ գնդին Հայոց:

From such a bold attack only the blessed Hmayeak (brother of the Armenian sparapet Vartan), who fought with unsparing valor, was martyred for the brotherhood of the faithful. All the others survived uninjured and went after the fugitives.

After this, the king's army stopped interfering everywhere indiscriminately and stayed away from the churches. Yet again, they posed questions to the court.

Those who had fled down to the forests of Artsakh did not halt quietly and in peace; rather, they sent to the land of the Huns, stirred up and incited their army and reminded them of the pact that they had established with the Armenians by a solemn oath. Many of them were pleased to hear these sweet words, and even criticized the Armenians for coming unprepared for war. But although they initially had trouble appeasing each other, they went on to assemble a large army and attacked the borders of the Persian empire. They attacked many districts, took many more captives back to their country, and demonstrated to the king their alliance with the Armenian army.

Իսկ իբրեւ այս ամենայն ազդումն հասանէր առ զաւրավարն Պարսից, սրտմտեալ զայրանայր, եւ մեծաւ բարկութեամբ կուտէր զվնասն ի վերայ անաւրինին Վասակայ, իբր թէ նա իցէ սկիզբն եւ առաջնորդ ամենայն չարեացն, որ գործեցան: Եւ անդէն չու արարեալ խաղայր գնայր հասանէր յաշխարհին Պարսից. գրէր եւ ցուցանէր յարքունիս զամենայն ստուգութեամբ, եւ զվնաս գործոյն արկանէր զուրացելովն:

Իբրեւ լուաւ թագաւորն զամենայն աւեր աշխարհին, եւ ստուգեաց զիրս մեծի պատերազմին, բեկանէր անկանէր ի մեծ խրոխտալոյն, եւ լռեալ դադարէր ի հանապազորդ եւ ի խաբեբայ խորհրդոցն. յուզէր եւ քննէր զվրիպումն անհանճար գործոյն, եւ կամէր տեսանել՝ ասելով. «Ո՞ ոք իցէ, որ զիս ճշմարտութեամբ ի վերայ իրացդ հասուսցէ»: Իսկ որ էր գիտակ անաւրէն գործոյն անդէն ի դրան արքունի, նոյն հազարապետն Միհրներսեհ, յառաջ մատուցեալ ասէ ցթագաւորն. «Զայդ ես ասեմ քեզ, արքայ քաջ. եթէ կամիս ստուգութեամբ լսել զարդարն, որք գլխաւորք քրիստոնէիցն են ի Հայս, տուր կոչել, եւ գան յաւժարութեամբ եւ ասեն քեզ զամենայն արդարութեամբ»:

When all this news reached the Persian general, he was inflamed, and furiously piled all the blame upon the lawless Vasak, as though he were the source and conductor of all the wrongs that had been done. Then he made his way to the land of the Persians. He accurately explained [the events] to the court and threw the blame onto the apostate.

When the king had heard of all the destruction of the land and verified what had taken place in the great battle, his arrogance collapsed and he silently refrained from his constant deceitful planning; he examined the errors of his senseless operation and wanted to know who would be able to deliver him the truth about what had happened. The one at the royal court who knew of the lawless one's actions was the same *hazarbed* Mihrserseh, who came forth and said to the king: "I will tell you these things, valiant king! If you are willing to learn the truth, have the leaders of the Christians in Armenia be summoned here, and they will come willingly and explain everything justly."

Յայնժամ զմի ոմն յաւագ նախարարացն՝ Ատրորմիզդ անուն, որոյ իշխանութիւնն իսկ խառն էր ընդ Հայոց աշխարհին եւ գործակից էր զաւրավարին ի նմին պատերազմի, գրէր եւ յանձն առնէր նմա զաշխարհն Հայոց մարզպանութեամբ: Եւ զՄուշկան Նիսալաւուրտ հանդերձ ամենայն մնացեալ զաւրուն գումարէր յաշխարհն Աղուանից եւ Լփնաց եւ Ճղբաց եւ ի Հեճմատակաց եւ ի Թաւասպարաց եւ ի Խիբիովան, եւ յամենայն ամրականս, զորս աւերեալ էր զնդին Հոնաց վասն ուխտին Հայոց: Որպէս եւ յոյժ իսկ տրտմեալ էր թագաւորն, ոչ միայն ընդ աւեր աշխարհացն եւ ընդ անկանել զաւրացն, այլ եւս առաւել ընդ աւերել պահակին, զոր ի բազում ժամանակաց հազիւ ուրեմն կարացին շինել. եւ յայնմ ժամանակի դիւրաւ առեալ քանդեցաւ, որում եւ չէր իսկ ակնկալութիւն շինութեան: Իսկ զՎասակ հանդերձ գլխաւոր քրիստոնէիւքն ի Դուռն հրամայեաց կոչել:

Արդ եկն եմուտ մարզպանն Ատրորմիզդ յաշխարհն Հայոց սիրով խաղաղութեամբ: Հրամանաւ արքունի կոչեաց առ ինքն զՍահակ սուրբ եպիսկոպոսն Ռշտունեաց, ուսանել ի նմանէ զիրացն ամբաստանութիւն: Բայց թէպէտ եւ նորա աւերեալ էր ատրուշան մի, եւ բազում չարչարանաւք հարեալ էր զպաշտաւնեայս կրակին, ոչ ինչ զանգիտեաց զայ յատեան հրապարակին:

Then the king wrote and committed the *marzbanate* of Armenia to one of his senior nobles, Atrormizd, whose principality was partly in Armenia and who was an associate of the general in the same war. Then he gathered Mushkan Nisalavurt together with all the remaining soldiers to go into the lands of Aghuank, Lpink, Chighbk, Hechmatakk, Tavaspark, Khibiovan and to all the fortresses that the Hunnic army had razed because of their alliance with the Armenians. The king was grieved, not only about the destruction of these lands and the falling of his soldiers, but even more at the destruction of the [Hunnic] pass, which over the course of a long time he had been barely able to build and was now so easily destroyed, and which he had no hope of being able to rebuild. He summoned Vasak along with the leaders of the Christians to the court.

The *marzban* Atrormizd came to Armenia in friendly peace. With royal authority he summoned Sahak, bishop of Rshtunik, to learn about the accusation against Vasak. But although the bishop had destroyed a fire temple and had persecuted the fire worshippers, he was not afraid to appear at the tribunal.

Դարձեալ եւ ի տանէն Արծրունեաց բարեպաշտաւն երէց մի Մուշէ անուն, որ առաջնորդ էր աշխարհին Արծրունեաց, աւերեալ էր եւ նորա զկրակատուն մի, եւ կապանաւք եւ տանջանաւք բազում չարչարանս անցուցեալ էր ընդ մոգսն. Եւ սա ոչ ինչ զանգիտեաց, այլ կամաւ եկն եւ յանդիման եղեւ մարզպանին:

Եւ երկու եւս այլ քահանայք երանելիք, որոց անուանքն են Սամուէլ եւ Աբրահամ. քանդեալ էր եւ սոցա զատրուշանն յԱրտաշատ եւ յառաջագոյն ըմբռնեալ էին ի կապանս յուրացեալն Վասակայ. ածին եւ զնոսա առ առաքինի ընկերսն:

Եւ ժողովեցին եւս ի նոյն տեղի զմեծն Յովսէփ եւ զՂեւոնդ եւ զՔաջաջ եւ զԱրշէն: Եւ իբրեւ ուսաւ եւ տեղեկացաւ յամենեցունց մարզպանն, գրեաց եւ եցոյց յարքունիս զամենայն ճշմարտութեամբ, որպէս զիարդ լուաւ ի բերանոյ նոցա:

Բայց Վասակ թէպէտ եւ յառաջագոյն հասեալ էր ի Դուռն, ըստ կամաց իւրոց այլ ընդ այլոյ երթեալ պատմէր զամենայն ստութեամբ, սակայն ի միտս թագաւորին ոչ կարէր զանձն արդարացուցանել. այլ պատասխանի արար նմա եւ ասէ. «Յորժամ քրիստոնեայքն եւս եկեսցեն՝ հասարակաց լուայց յատենի»:

Then there was a devout presbyter from the house of Arts-runik named Mushe, who was their prelate. He had also destroyed a fire temple and imprisoned and tortured the magi there. He willingly came before the marzban without fear.

Then there were two other blessed priests, Samuel and Abraham. They had demolished the fire temple in Artashat after having previously been imprisoned by the apostate Vasak; they were then taken to their other virtuous companions.

Then, at the same place, they gathered Hovsep, Ghevond, Kajaj and Arshen. And when the marzban was briefed by all of them, he accurately explained everything to the court as he had heard it from their mouths.

Although Vasak had already arrived at court and in one way or another falsely explained everything, he had failed to vindicate himself before the king. The king responded and said: "When the Christians arrive, I will hear everything at the tribunal."

Իսկ զուրբ քահանայսն՝ վասն զի կապանաւք տանէին, յետ երկուց ամսոց եւ քսան աւուր հասանէին ի ձըմերոցն արքունի: Իբրեւ լուաւ մեծ հազարապետն, եթէ աձին զնոսա ի քաղաքն, ինքնին իսկ ականատես լինէր նոցա: Բայց թէպէտ եւ տեղեկութեամբ լսէր ի նոցանէ զամենայն, ոչ կարէր ձեռն արկանել եւ չարչարել զնոսա, քանզի բազումք ի նախարարացն Հայոց դեռեւս բռնացեալ ունէին զամուրս աշխարհին, եւ դեռեւս մարզպանն յերկիւղի էր: Վասն որոյ զգուշութեամբ հրամայեաց պահել զուրբսն, եւ զաշխարհն հրամայէր սիրով նուաճել. վասն որոյ եւ ինքն իսկ շրջէր եւ ժողովէր եւ շինէր ուխտիւ հաստատութեան:

Եւ եպիսկոպոսացն հրաման տայր ունել զիւրաքանչիւր իշխանութիւնս, եւ ըստ առաջին սովորութեանն պաշտել յայտնութեամբ, եւ համարձակ եւս գալի հրապարակ: Նաեւ ընծայից եւ պատարագաց արժանի առնէր թողուլ զառաջեաւ: Եւ քանզի բազում գաւառս առեալ եւ աւերեալ էր զաւրականին, թողուլ հրամայէր զհարկս աշխարհին. եւ զայրուձին եւս զարքունի թեթեւացոյց առ ժամանակ մի: Եւ միայնակեացք, որք ելեալ եւ կորուսեալ էին, հրամայէր գալ եւ ունել զիւրաքանչիւր տեղիսն:

«Եւ զամենայն կարգս աստուածպաշտութեանն, որպէս զհարդ եւ ունէին յառաջ ժամանակաւ առ նախնեաւքն, նոյնպէս եւ այժմ, ասէ, կալցին: Եւ եթէ ոք ի հեռի աշխարհ ուրեք գնացեալ իցեն, ունիմ իշխանութիւն յարքունուստ, ասէ մարզպանն, եթէ յազատաց իցեն, եթէ ի շինականաց, եթէ յեկեղեցւոյ, զինչ կեանս եւ թողեալ իցեն, եկեսցեն եւ կալցեն զիւրաքանչիւր զարարս»:

But the holy priests were fettered, so it took them two months and twenty days to arrive at the royal winter residence. When the great hazarbed heard that they had been taken into the city, he himself went to see them. But although he had been briefed by them about everything, he could not lay a hand on them or torture them because many of the Armenian nakharars still occupied the strongholds of the land and the marzban was still afraid. Therefore, he ordered the holy ones to be guarded carefully and their land to be subdued benevolently. That is also why he himself went around, met with others, and firmly promised to develop the land.

He ordered the bishops to each have his own diocese, to conduct church services openly according to former custom, and to openly appear in public. He also made them worthy of receiving gifts and offerings as previously. As the sentries had captured and laid waste to many districts, he suspended taxation of the country and reduced the [service of] the cavalry to the royal for a time. As for the monks who had gone missing, he ordered them to return, each to his own place.

"Let those of all ranks worship God again as their ancestors did in former times; and if anyone happened to go abroad, I have royal authority," said the marzban, "whether they be nobles, peasants or clergy, and whatever lives they left behind, to have them return and for each to repossess his properties."

79

Երդմունս կնքէր եւ առաքէր ի կողմանս կողմանս: Որ եւ բազումք իսկ եկին եւ ժողովեցան, եւ կալան զիւրաքանչիւր կալուածս:

Նաեւ որ մեծն է քան զամենայն, որ ի բռնութենէ ոք ակամայ կալեալ էր զմոգութիւնն, հրովարտակս առաքէր յարքունուստ՝ անդրէն ունել զքրիստոնէութիւնն: Եւ յանդիման խաւսէր թագաւորն, որք էին ի տանն արքունի, եթէ «Որք ոչ սիրով ունին զդենի մազդեզն, այնպիսեաց եւ աստուածքն են ցասուցեալ, եւ ես ոչ ինչ եմ շնորհակալ. եւ այսաւր զնոյն հրաման տամ ամենեցուն՝ ի կամս մարդոյն թողեալ ըստ իւրաքանչիւր մտաց, որպէս զինչ եւ կամի պաշտել՝ պաշտեսցէ. ամենեքեան իմ ծառայք են»: Զայս ասէր, եւ գրով հրաման տայր ամենայն աշխարհին:

Իբրեւ զայս լուան եւ տեսին բազումք, որ էին ցանեալ եւ ցրուեալք ի հեռաւոր տեղիս, գային եւ ունէին զիւրաքանչիւր արարս: Իսկ նախարարքն, որ էին յամուրս աշխարհին եւ կամ ի հեռաւոր աստարութեան, իբրեւ տեսին զշինութիւն երկրին, մանաւանդ զեկեղեցւոյն հաստատութիւն, քաջալերեցան համարձակեցան եւ նոքա յանդիման լինել արքային: Վասն որոյ եւ պատգամ յղեցին առ մարզպան աշխարհին, զի ի Դուռն ցուցցէ զբանս նախարարացն: Իսկ նա վաղվաղակի յարքունուստ գիր ողոքանաց եւ ուխտ հաստատութեան տայր տանել առ նոսա հրամանաւ արքունի: Բայց թէպէտ եւ գիտէին նոքա զդառնութիւն տէրութեանն՝ թէ սուտ են յամենայնի, կամեցան չարչարակից լինել սրբոցն: Զի եթէ մահ եւս առաջի կայցէ, ոչ ինչ զանգիտեսցեն երկիւղիւ:

He sealed these oaths and sent them all over the land, and thus many returned, gathered, and took up their properties again.

But above all, he sent an edict, commanding that anyone who was forced to adhere to Magianism against his will was allowed to return to Christianity. The king said in everyone's presence at the royal house: "The gods are angry at those who do not lovingly adhere to the Mazdaean religion, and to them I am not obliged; yet today, I permit everyone to worship what they will: leave it to their discretion to choose. They are all my subjects." He said this, put it in writing, and circulated the edict throughout the entire country.

When many of those who were sowed and scattered abroad heard and saw this, they returned and each regained their properties. The nakharars who were in the strongholds of the country or far abroad were encouraged to approach the king when they saw the country being developed, and especially when they saw the consolidation of the church. Thus, they sent a message to the marzban of the country, that their testimonies be exhibited at court. He quickly had a kind letter and firm covenant sent to them by royal authority. But although they were well aware of the gall of those in government, and that they were all deceitful, they desired to be fellow sufferers of the holy ones, for they would not so much as fear death if it stood before them.

Եւ զայս լուեալ թագաւորին՝ ոչ կապանաւք, այլ արձակ ոտիւք եւ արձակ ձեռաւք հրամայեաց առ ինքն կոչել: Ածին վաղվաղակի զկին եւ զորդիս, եւ զինչս իւրաքանչիւր ետուն ի ձեռս մարզպանին, եւ ինքեանք փութանակի գնացին ի ձմերոցն արքունի:

Եւ մինչդեռ անդէն ի ձմերոցին էր թագաւորն, ատեան հարցափորձի ի մէջ նոցա հրամայէր լինել: Եւ նստաւ հազարապետն՝ զի լուիցէ կողմանցն երկոցունց: Եւ իբրեւ յերկարեցաւ ամբաստանութիւնն զաւուրս բազումս, պարտաւորեցաւ կողմ ուրացելոցն:

Քանզի ցուցանէին զթուղթսն՝ զոր տուեալ էր Վասակայ եւ ամենեցուն որ ընդ նմա էին, զի միաբանք իցեն ընդ նմա յուխտ ապստամբութեանն. թուղթ մի ի Վրաց աշխարհն, եւ թուղթ մի յԱղուանից աշխարհն. սոյնպէս եւ թուղթ մի յԱղձնիս, եւ հրովարտակ մի առ թագաւորն Յունաց, եւ թուղթ մի առ մեծ սպարապետն Անտիոքայ: Եւ ի բոլորեսին յայտնի թուղթսն վաւերական մատանի Վասակայ եդեալ էր: Սոյնպէս խառն էր նա եւ ի մահ մոգուցն ի Զարեհաւանի: Եւ զբազում բերդս՝ զոր հանին ի Պարսկաց, յայտ առնէին զնորա թուղթսն եւ զհրամանսն. քանզի նա էր մարզպան ի ժամանակին: Որպէս եւ հրեշտակութեամբ յղեալ իսկ էր նորա առ Յոյնս նախարար մի, որում անունն էր Ատոմ՝ յազգէն Գնունեաց. սա մատուցեալ յանդիմանէր զնա առաջի մեծի ատենին հրովարտակաւն իսկ, զոր տուեալ էր նորա իւրով մատանեաւ:

When the king heard this, he summoned them, not with fetters but with their hands and feet free. They immediately brought their wives and children, handed over their possessions to the marzban and hurried to the royal winter residence.

And while the king was at his winter residence, he ordered a tribunal be conducted to interrogate them, with the hazarbed presiding to hear both sides. After many days of accusations, the apostates were condemned.

For they produced exhibits of the letters that Vasak and his associates had sent out to get others to unite with him in an unlawful pact: a letter to Iberia, a letter to Aghuank; a letter to Aghdznik, a *hrovartak* to the Byzantine emperor, and a letter to the great general of Antioch. All of these had been authenticated with Vasak's ring. He was also involved in the deaths of the magi in Zarehavan and they produced exhibits of his letters and commands [regarding] many of the fortresses that had been taken from the Persians while he had been marzban. He had even sent a nakharar named Atom Gnuni as an emissary to the Byzantines, who came and accused him before the great tribunal, producing the exhibit of the hrovartak that Vasak had given him with the signature of his ring.

Նա եւ ի մէջ իսկ բերէր զամբաստանութիւն նորա Մուշկան Նիսալաւուրտ, եւ յայտ առնէր պատերազմակից ընկերաւքն իւրովք, որ եւ յետ վճարելոյ պատերազմին բազում արիւն ետ հեղուլ Վասակ. թէ որպէս սուտ երդմամբք խաբէր եւ իջուցանէր յամրոցաց անտի. էր՝ զոր կոտորէր, եւ էր՝ զոր գերի վարէր զծառայս եւ զաղախնայս արքունի: Եւ ի վերայ այսր ամենայն ի վնասու, եւ գող եւս գտանէր հարկի աշխարհին, որ յարքունիսն երթայր:

Նա եւ յուրացեալ ընկերացն նորա բազումք էին, որ յայտ արարին զչարիս նորա, զոր գործեալ էր ընդ աշխարհն Հայոց: Եւ ի մնացեալ մոգացն եւ ի փշտիպանացըն, որք ի կապանսն ապրեալ էին եւ ապա ածին յարքունիս, հարցին եւ ցնոսա վասն նորա եւ ասեն. «Դուք է՞ք ինչ տեղեակ վասն չարութեան նորա»: Ետուն պատասխանի եւ ասեն. «Ամենայն անցք չարչարանաց, որ անցին ընդ մեզ, եւ բազում հարուածք, որ եղեն ի զաւրսն արքունի, եւ աւեր եւ գերութիւն աշխարհին Հայոց, եւ կորուստ հարկացըն արքունի, սկիզբն եւ առաջնորդ չարեաց այրդ այդ եղեւ»:

Եւ մինչդեռ այս ամենայն ամբաստանութիւն զնըմանէ էր զայնչափ բազում աւուրս, յառաջ մատեան եւ իւր ազգականքն, որ եւս յառաջագոյն դատախազ լեալ էին զնմանէ առաջի արքային, սկսան կարգաւ ցուցանել եւ յայտ առնել, որպէս զի բարեկամացեալ էր նա ընդ Հեռանայ Հոնի

Mushkan Nisalavurt even brought an accusation against him, demonstrating, together with his fellow soldiers, how Vasak had caused much bloodshed even after the war had ended, how he had deceived the Armenians to come down from their fortresses with false oaths, killing some and taking others captive as royal slaves and handmaidens. On top of all these damages, he was found to have stolen the tax of the country that was due to the royal.

He had many apostate friends who divulged his crimes against Armenia. Then they interviewed the rest of the magi and *pshtipans* who had been imprisoned and brought to court: "Do you know anything about his crimes?" They replied: "All the torments that we have undergone, the many defeats of the royal army, the devastation and captivity of Armenia, and the loss of the royal taxes—that man was the cause and conductor of all these crimes."

And while they accused him of all these things for many days, his relatives came forth—those who had also formerly complained against him before the king—and began to reveal in order how he had become friends with Herran the Hun

միաբանութեամբ Բաղասական արքային, ի ժամանակին՝ զի կոտորեաց Հեռանն այն զզաւրսն Պարսից յԱղուանս, եւ ապատակաւ եհաս յերկիրն Յունաց, եւ բազում գերի եւ աւար խաղացոյց ի Հոռոմոց եւ ի Հայոց եւ ի Վրաց եւ յԱղուանից. որպէս զի ի վերայ իսկ եհաս խորհրդոցն ինքն իսկ թագաւորն, եւ սպան զԲաղասական արքայ: Եւ Վասակ մարզպան էր Հայոց ի ժամանակին, եւ թշնամեացն արքունի խորհրդակից գտաւ: Յուցին եւ յայտ արարին ազգականքն նորա, որպէս զի հմուտ եւ տեղեակ իսկ էին չար խորհրդոցն նորա. զամենայն ցուցանէին եւ յայտ առնէին առաջի թագաւորին. եւ զայլ եւս բազմագոյն խարդախութիւնսն, որ ստութեամբ վարէր զկեանս իւր՝ ո՛չ միայն առ ընկերս, այլ եւ առ թագաւորն ինքնին գլխովին. զի ոչ երբէք արդարութեամբ վաստակեալ էր ի մանկութենէ:

Յայնմ ժամանակի հրաման ետ հազարապետն եւ ասէ. «Ածէք այսր եւ ի կապելոցն, որք են ի բանտի անդ»: Լուծին եւ ածին յերանելեացն զՍահակ եպիսկոպոս Ռշտունեաց, եւ զսուրբն Յովսէփ եւ զՂեւոնդ երէց:

Եւ իբրեւ մերկացան ամենայն բանք ատենին առաջի նոցա, ետ պատասխանի Սահակ եպիսկոպոսն եւ ասէ. «Որ յայտնի ուրացեալն են ի ճշմարիտն Աստուծոյ, ոչ գիտեն զինչ գործեն եւ կամ զինչ խաւսին. քանզի խաւարային են խորհուրդք նոցա. զտեարս պաշտեն սուտ պատճառանաւք, եւ ընդ ընկերս մտանեն յուխտ ստութեան:

together with the king of Baghasakan at the time when that same Heran slayed the Persian forces in Aghuank, raided his way to the land of the Greeks, and carried away many captives and great loot from the Romans, Armenians, Iberians and Aghuanians so that the king himself, learning of his ideas, had the king of Baghasakan killed. Now Vasak, who was the marzban of Armenia at the time, was found to be in cahoots with the enemies of the king. His relatives also revealed that they had been apprised of his evil schemes and demonstrated them all before the king along with various other of his wicked crimes with which he had falsely conducted himself with his companions, and more so with the king himself, for he had never operated justly since his youth.

That's when the hazarbed commanded: "Bring here some of the prisoners who are in jail." So they released and brought from among the blessed men Sahak, bishop of Rshtunik, the holy Hovsep and presbyter Ghevond.

When all the proceedings were disclosed before them in court, bishop Sahak responded: "Those who have apostatized the true God know neither what they do, nor what they say, for their thoughts are obscure. They serve their masters with false pretenses and enter into false covenants with their friends.

Եւ են նոքա դարանք սատանայի, զի նոքաւք իսկ կատարէ զդառնութիւն կամացն իւրոց, որպէս երեւի իսկ ի դոյն յայդ Վասակ: Քանզի մինչ ունէր զանուն քրիստոնէութեան, վերին երեսաւք կարծէր ծածկել եւ թագուցանել զամենայն չարութիւն իւր առաջի ձերոյ անգէտ տէրութեանդ, եւ զամենայն նենգութիւնն իւր քրիստոնէութեամբն ծածկէր: Ուստի եւ ձեր իսկ կարծեցեալ՝ մեծապէս պատուեցէք զդա առաւել քան զարժանն իւր: Հաւատացէք դմա զաշխարհին Վրաց. հարցէք ցաշխարհին, եթէ զո՞հ իցեն զդմանէ: Ետուք դմա զտէրութիւնն Սիւնեաց. լուարո՛ւք յազգականաց այտի դորա, զի՞նչ պատմեն զդմանէ: Արարէք զդա մարզպան Հայոց. զոր նախնեացն ձերոց մեծաւ աշխատութեամբ գտեալ էր, դա ի միում ամի կորոյս զերկիրն ամենայն: Տեսե՞ր, իբրեւ բարձաւ ի դմանէ պատուական անունն Աստուծոյ, զոր ունէր ստութեամբ, մերկ երեւեցաւ ամենայն չարագործութիւն դորա: Զի եթէ առ Աստուածն իւր սուտ գտաւ, առ ո՞ ոք ի մահկանացուաց աստի դա արդար գտցի:

«Արդ ամենայն ամբաստանութիւն՝ որ այժմ յայտնի եղեւ զդմանէ, ո՞չ ահա ձեր իսկ յառաջագոյն լուեալ էր. բայց յոր դէմս ծածկեցէքն՝ դուք ձեզէն իսկ քաջ գիտէք: Ինձ այսպէս թուի, եթէ սուտ յուսով դա զձեզ խնդացոյց: Այլ ոչ դուք եւ ոչ դա եւ ոչ որ զկնի ձեր գալոցն է, զայն ի մեզ ոչ կարէ տեսանել: Արդ արարէք որպէս եւ կամիք. ցմեզ զի՞ հարցանէք»:

They are the snares of Satan, for through them he manifests his bitter will, as is seen with Vasak. For when he had a Christian name, he thought he could veil all his iniquity before Your Excellency and that you would not find out, and so he concealed all his fraudulence with Christianity. Therefore, you honored him greatly beyond his worthiness, entrusting Iberia to him. Now ask the people of that land whether they are satisfied with him. You gave him lordship over Syunik; now hear his relatives there, and what they have to say about him. You gave him the marzbanate over [the land of the] Armenians which your forefathers had sought with great effort, and in one year he destroyed the whole land. Do you see that while he was falsely exalting the honorable name of God, all his evil works were exposed? For if he was found to be false by his own God, what mortal can find him to be righteous?

"Now hadn't you previously heard all the accusations against him that have now been revealed? As to why you covered them up, you yourselves know best. It seems to me that he indulged you with false hopes. But neither you, nor he, nor anyone who shall succeed you will be able to see that in us. So do as you will—why do you ask us?"

Զարմացաւ մեծ հազարապետն ընդ միտս իւր, եւ ի խորհուրդս իւր քննէր զամենայն բանս ատենին: Քանզի հասեալ էր ի վերայ, եթէ յիրաւի դատապարտեցաւ այրն ըստ անարժան գործոցն իւրոց. եմուտ եւ եցոյց զամենայն բանս ատենին յարքունիս: Եւ իբրեւ լուաւ թագաւորն եւ ստուգեաց ի հազարապետէն զառնն պարտաւորութիւն, բարկացաւ յոյժ եւ ի խոր խոցեցաւ. բայց երկայն մտութեամբ կամեցաւ հասուցանել զնա ի մեծ անարգութիւն: Լուռ եկաց աւուրս երկոտասան, մինչ ի գլուխ չոգաւ փութսիշ ամբաստանութեանն:

Եւ եղեւ յաւուր միոջ մեծի զամենայն երեւելի զպատուականսն հրամայէր յընթրիս կոչել: Կոչեցին եւ զուրացեալն. եւ նա ըստ առաջին կարգի աւրինացն արքունի արկանէր զպատուական հանդերձն, զոր ունէր ի թագաւորէն. կապէր եւ զպատուավուրսն եւ զխոյրն ոսկեղէն դնէր ի վերայ, եւ զկռանակուռ ձոյլ ոսկի կամարն ընդելուզեալ մարգարտով եւ ակամբք պատուականաւք ընդ մէջ իւր ածէր, եւ զգինդսն յականջսն, եւ զգումարտակն ի պարանոցին, զսամոյրսն զթիկամբքն, եւ զամենայն աւրէնս պատուոյն զանձամբ արկեալ՝ երթայր յարքունիս. չքեղ եւ երեւելի քան

The great hazarbed was shocked and personally examined all the proceedings, for it had occurred to him that Vasak had been justly condemned for his worthless deeds. So he went to court and demonstrated everything. When the king heard this and confirmed the man's guilt with the hazarbed, he was furious, but wished to patiently inflict great disgrace upon him. He stayed silent for twelve days, until the indictment came to a head.

It happened on one great day that he commanded all the prominent nobles to be invited to a feast along with the apostate, who donned the regalia he had received from the king according to the highest royal custom. He fastened the headband and put the gold coronet on top, the hammered gold belt adorned with pearls and gems around his waist, the earrings on his ears, the necklace around his neck, the sable on his back, and with all the regalia of an honorable man he went to court, appearing more magnificent and prominent

զամենեսեան երեւէր բազմութեանն: Իսկ նախարարքն որք կամաւք ի Հայոց չոգան՝ անձամբ տուեալ զանձինս ի փոր-ձութիւն, եւ սուրբքն որ յառաջագոյն հասեալ էին, կա-պանաւք ունէին զամենեսեան առ Դրանն արքունի: Իբրեւ տեսին զնա զարդարեալ եւ շքեղացեալ, եւ բազմամբոխ գնդաւ գայր յարքունիս, ի միտս իւրեանց սկսան այպանել զնա եւ ասել. «Ով անմիտ վաճառական, զանմահ եւ զանանց պատիւն ետուր, եւ զանցաւորդ գնեցեր, զոր եւ զայդ եւս ընդ մաւտոյ աւուրս կորուսանելոց ես»:

Եհաս եւ նստաւ ի ներքին դահլիճն, որ էր հրապա-րակ մեծամեծացն: Արդ եկն ել սենեկապանն յարքունուստ, հարցանէր ցնա եւ ասէ. «Արքայ յղեաց առ քեզ, յորմէ՞ գտեալ է քո զայդ ամենայն պատուական պատիւդ, ասա ինձ վաղվաղակի, վասն որո՞յ արդար վաստակոց»: Եւ յուշ առնէր նմա զամենայն բանս ատենին, յորում դատապար-տեցաւն. նա եւ զոր ոչ եւս անդ խաւսեցան՝ զայն եւս յայտ-նէր նմա: Զի ոչ ըստ կարգի ունէր նա զտէրութիւնն Սիւ-նեաց աշխարհին, այլ նենգութեամբ եւ քսութեամբ ետ սպա-նանել զհաւրեղբայր իւր զՎաղինակ, եւ յինքն տարաւ զտէ-րութիւնն՝ իբրեւ քրպիկար յարքունիս: Նա եւ այլ եւս բա-զում բանիւք դատապարտեցին զնա, որում ամենայն աւա-գանին վկայ գային: Պապանձեցաւ ամենեւին, եւ չգտաւ բան ճշմարիտ ի բերան նորա: Իբրեւ կրկնեցին եւ երեքկնեցին ցուցանելով ի ներքս յարքունիսն, հատաւ վճիռ մահու ի վերայ նորա:

than everyone else. Meanwhile, the nakharars who had willingly left Armenia and submitted themselves to trial, and the saints who had arrived earlier, were all imprisoned at the royal court. When they saw him dressed up and adorned, arriving at the court with a large entourage, they started to mock him in their minds, saying: "O mindless merchant, you have traded immortal and imperishable honor for transitory honors, which in the coming days you will also lose."

He arrived and sat in the hall, which was a forum for the grandees. A chamberlain of the court came and asked him: "The king sent for you—from whom have you received all these distinguished honors? Tell me, for what just labors?" Then he reminded [Vasak] of all the proceedings of the tribunal where he had been condemned, and he even revealed things that had not been mentioned there. For he had not attained the lordship of Syunik in a legitimate manner, but fraudulently and slanderously had his paternal uncle Vaghinak murdered and took his authority to serve the king. They also condemned him on many other points, which all the nobles testified to. He was completely speechless and could not find a truthful word to speak. When they repeated [these condemnations] twice and thrice before the court, a death sentence befell him.

Արդ եկն ել դահճապետն, եւ մատեաւ վաղվաղակի առաջի ամենայն մեծամեծացն, մերկացոյց ի նմանէ զպատիւն զոր ունէր յարքունուստ, եւ զգեցոյց նմա հանդերձ մահապարտի: Կապեցին զոտս եւ զձեռս, եւ կանանցաբար նստուցին ի ձի մատակ. տարան եւ եդուն յայն զընդան, ուր կային մահապարտքն ամենայն:

Իսկ նախարարքն Հայոց եւ սուրբ եպիսկոպոսքն հանդերձ երիցամբքն, թէպէտ եւ էին ի մեծի պատուհասի, ոչինչ յիշէին զնեղութիւնսն, որ անցեալ էր ընդ նոսա, եւ կամ որ այլ եւս ակնկալութիւն էր գալ ի վերայ. այլ զարմացեալ էին ընդ մեծ յայտնութիւնն, որ եղեւ յԱստուծոյ: Մխիթարէին զմիմեանս եւ ասէին. «Քաջութեամբ պատերազմեցաք, առաւել եւս համբերութեամբ ճգնեսցուք: Լուեալ է մեր ի սուրբ հարցն մերոց, եթէ գլուխ ամենայն առաքինութեան համբերութիւն է, եւ իմաստութիւն երկնաւոր՝ կատարեալ աստուածպաշտութիւն. եւ զայս ոչ ոք կարէ գըտանել առանց չարչարանաց: Իսկ չարչարանքն յորժամ ընդերկարեսցին ի վերայ՝ յայնժամ բազմանայ վարձ համբերութեանց պարգեւին: Ապա եթէ այդ այդպէս է, զայս միայն աղաչեսցուք զԱստուած, զի համբերել կարասցուք ամենայն փորձութեանց. եւ Տէր ինքնին արասցէ հնարս մերում փրկութեան:

Then the captain of the guard quickly approached him before all the grandees, stripped him of all the regalia he had received from the king, dressed him in the outfit of a convict on death row, handcuffed and fettered him, and sat him like a woman on a mare. They took him and put him in the dungeon where all the convicts on death row were kept.

Though the Armenian nakharars, holy bishops and priests had suffered a great punishment, they did not recall the troubles that had transpired or that were yet to come; rather, they marveled at the great revelation brought about by God. They consoled each other, saying: "We battled bravely, now let us suffer more patiently. We have heard from our holy fathers that patience is the chief of all virtues, and that heavenly wisdom is perfect piety, which no one can attain without suffering. And only when the torments persist will our compensatory reward increase. This being so, let us only beseech God to be able to endure all temptations, and the Lord himself will prepare the means for our salvation.

CHAPTER VI

Լուեալ է մեր զդատաստան քառասուն զինուորացն Քրիստոսի, որք բազում հարուածս տանջանաց ընկալան: Մինն ի նոցանէ փութացաւ ի բաղանիսն, եւ վրիպեաց ի պսակէն. իսկ երեսուն եւ ինն համբերութեամբ կատարեցան, եւ հասին այնմ աւետեացն, որում ցանկացեալն էին: Իսկ մեր ընկերակից աւանիկ, որ յառաջագոյն որոշեցաւ ի մէնջ, ահա եղեւ գործակից սատանայի: Մինչ դեռ ոգիք ի մարմնին են, ընկալաւ զահաւատչեայ գեհենին տանջանաց, որ ո՛չ միայն սրբոց է ողբալի, այլ եւ ամենայն մարդկան»:

Զայս ասէին, եւ բազում արտասուս ի վերայ կորուսելոյն հեղուին. եւ անդէն զերգս հոգեւորս ի բերան առեալ ասէին. Բարի է յուսալ ի Տէր քան յուսալ ի մարդիկ. բարի է յուսալ ի Տէր քան յուսալ յիշխանս. ամենայն ազինք շրջեցան զինեւ, եւ անուամբ Տեառն յաղթեցի նոցա: Քաջալերէին զմիմեանս եւ ասէին. «Զայս գիտելով, եղբարք, մի՛ երկիցուք յանաստուած ազգէս հեթանոսաց, որ քան զմեղուս վատթարագոյն եւս են ի զայրանալն իւրեանց. զի եւ նոցա ցասումն ի սատակումն անձանց իւրեանց լիցի. այլ մեք զանուն Տեառն կարդասցուք եւ վանեսցուք զամենեսեան»:

"We have heard of the sentencing of the forty martyrs of Christ who received many beatings and tortures. One of them hurried to the baths and lost his crown, while the thirty-nine who were martyred patiently obtained the promise that they desired. And, behold, our friend who had split from us has now become an associate of Satan. While their souls were in their bodies, he received the guarantee of the torments of Gehenna, which is to be lamented not only by saints, but by all men."

They said this, and poured many tears over the lost one, with spiritual songs in their mouths: "It is better to trust in the Lord than to trust in man; better to trust in the Lord than to trust in princes; all nations surrounded me, but in the name of the Lord I will destroy them."[11] And they encouraged each other and said: "Knowing this, brothers, do not be afraid of the godless nations of heathens, who are much worse in their rage than the bees; for their anger will be the cause of their own destruction; but we will call upon the name of the Lord and expel them all."

---

11 Psalms 117:8-12.

Իսկ ուրացեալն Վասակ հայէր ի միաբանութիւն սուրբ կապելոցն, որք մեծաւ խնդութեամբ ընդունէին զչարչարանսն, եւ զուարթագոյն եւ պայծառք երեւէին որպէս յառաջագոյն յարքունիսն. հայէր եւ կարաւտէր, եւ ոչ ոք խառնեաց զնա ի նոսա, այլ ուրոյն նովին կապանաւք պահէին: Եւ աւր ըստ աւրէ բերէին իբրեւ զգէշ ընկենուին ի մեծ հրապարակին, ձաղէին եւ այպանէին, եւ տեսիլ ամենայն կարաւանին զնա առնէին: Կողոպտեցին հանին եւ ոչ ինչ թողին զոր ընդ իւրն ունէր. այնպէս ձաղեցին աղքատութեամբ, մինչ հաց մուրանային եւ բերէին նմա իւր ծառայքն: Եւ այնպէս սաստիկ արկին զպարտերս հարկաց աշխարհին ի վերայ տան նորա, որ մինչեւ զհարց եւ զհաւուց եւ զիւր արարս եւ զզարդս կանանց եւս եդ ի վերայ եւ ետ եւ տուժեցաւ, եւ ոչ կարաց հատուցանել զպարտսն արքունի: Եւ յայն տեղի հասուցին, մինչեւ հարցանել նմա՝ «Եթէ կայցէ՞ ինչ գանձ ի գերեզմանս նախնեացն մերոց»: Եւ եթէ գտեալ էր նորա, հանէր եւ տայր ընդ իւր եւ ընդ ընտանեացն տուգանս. որպէս զի բազում մարդիկ իսկ չոգան ի տուժի:

Եւ իբրեւ այսպէս յամենայն կողմանց հարեալ վատթարացաւ, անկաւ յախտս դժնդակս անդէն ի կապանսն: Ջեռաւ փոր նորա, եւ հարան եւ տրորեցան գոգք նորա, եւ քամեալ մզեցաւ թանձրամսութիւն նորա: Եռացին որդունք ընդ աչս նորա, եւ ի վայր սորեցին ընդ ռնգունս նորա. խցան լսելիք նորա, եւ ծակոտեցան չարաչար շրթունք նորա.

The apostate Vasak looked upon the unity of the holy prisoners who cheerfully accepted their torments, appearing as joyful as they had appeared in court. He looked with longing but no one mingled with him, for he was kept separate in imprisonment. Day after day the guards dropped him like a carrion in the great square, where he was mocked and insulted and made a spectacle of before the whole caravan. They robbed him, leaving him with none of his belongings; thus, they mocked him in his impoverished state while his servants would beg on his behalf and take him bread. They charged such high property taxes on his house that even relying on his father's and grandfathers' possessions, in addition to his own, along with the women's ornaments did not suffice to clear his debts to the royal. In the end they asked him: "Are there any treasures buried in the tombs of our ancestors?" For if he found any, it would have been used to pay off his and his family's fines, since many of them had also been fined.

When he deteriorated, having thus been beaten from all sides, he fell into a painful illness in prison. His stomach scorched, his bosom churned and crushed, and his fat burned off. Worms crept from his eyes and crawled down from his nostrils; his ears closed shut, his lips developed severe sores,

լուծան ջիլք բազկաց նորա, եւ յետ կոյս կորացան կրկունք ոտից նորա: Բղխեաց ի նմանէ հոտ մահու, եւ փախստական եղեն ի նմանէ ձեռնասուն ծառայք նորա: Լեզուն միայն կայր կենդանի ի բերան նորա, եւ ոչ գտաւ խոստովանութիւն ի շրթունս նորա: Ճաշակեաց զմահ հեղձամղձուկ, եւ էջ ի դժոխս անհնարին դառնութեամբ: Ոտնհար եղեն նմա ամենայն սիրելիք նորա, եւ ոչ յագեցան սաստիկ հարուածովք ամենայն թշնամիք նորա:

Եւ այն որ կամէրն թագաւոր լինել մեղաւք Հայոց աշխարհին, ոչ երեւեցաւ տեղի գերեզմանի նորա. քանզի իբրեւ զշուն մեռաւ եւ իբրեւ զէշ քարշեցաւ:

Ոչ յիշեցաւ անուն նորա ի մէջ սրբոց, եւ ոչ մատեաւ յիշատակ նորա առաջի սուրբ սեղանոյն յեկեղեցւոջն: Ոչ ինչ եթող չարիս՝ զոր ոչ գործեաց ի կեանս իւր, եւ ոչ ինչ մնաց ի մեծամեծ չարեաց՝ որ ոչ անցին ընդ նա ի մահուան նորա:

Գրեցաւ յիշատակարանս այս վասն նորա, առ ի կըշտամբումն յանդիմանութեան մեղաց նորա. զի ամենայն՝ որ զայս լուեալ գիտասցէ, նզովս ի հետ արկցէ, եւ մի՛ լիցի ցանկացող գործոց նորա:

the sinews of his arms dissolved, and his heels became deformed. The stench of death emanated from him, and even the servants whom he himself had raised fled from him. Only his tongue remained alive in his mouth, yet no confession was found from his lips. He tasted the death of suffocation and descended to hell in unbelievable bitterness. All his loved ones walked all over him and his enemies were not quenched by the severe torments that were inflicted upon him.

And he who had wrongfully wished to become king of Armenia was not even buried at a cemetery because he died like a dog and was hauled away like a donkey.

His name was not recorded among the saints', nor was he commemorated at the holy altar of the church. He did not relent from committing evils throughout his life and there is no great evil that he did not experience in the course of his death.

These memories were documented to make an example of his sins, so that everyone who hears this knows that he was anathematized for them, and so that no one desires to do as he did.

Է

ԴԱՐՁԵԱԼ ՎԱՍՆ ՆՈՐԻՆ ՊԱՏԵՐԱԶՄԻՆ ԵՒ ՉԱՐՉԱՐԱՆԱՑ ՍՈՒՐԲ ՔԱՀԱՆԱՅԻՑՆ

Արդ ի վեշտասաներորդի ամի տէրութեան նորին թագաւորի՝ դարձեալ անդրէն խաղայր գնայր յաշխարհն Քուշանաց մեծաւ սրտմտութեամբ ի գործ պատերազմի: Եւ գնացեալ ի Վրկանէ, եւ ելեալ յԱպար աշխարհ, նովին կապանաւք զնախարարսն եւ զքահանայսն հրամայեաց պահել ի դղեկ քաղաքի ի Նիւշապուհ. եւ զերկուս յերանելի կապելոցն ընդ իւր խաղացոյց: Ահ արկանէր ամենայն քրիստոնէութեան՝ ընդ որ անցանէր:

Իբրեւ զայն տեսանէր Հոն մի, որ էր յազգէ թագաւորացն ի Խայլանդրաց աշխարհէն, Բէլ անուն, եւ ի ծածուկ խոնարհէր առ քրիստոնեայսն, եւ սիրով յաւժարութեամբ ուսանէր ի նոցանէ զճշմարտութիւնն, եւ կամաւք իւրովք նուաճեալ էր ընդ իշխանութեամբ թագաւորին, եւ կարի յոյժ դառնանայր ի միտս իւր, յորժամ տեսանէր չարչարեալ զսուրբսն: Եւ իբրեւ այլ ոչ ինչ էր ձեռնհաս, փախստական անկանէր առ արքայն Քուշանաց: Երթայր եւ պատմէր նմա զամենայն անցս չարչարանացն, զոր անցոյց թագաւորն ընդ աշխարհն Հայոց. տեղեակ եւս առնէր զնա վասն խրամատութեանն պահակին Հոնաց. ցուցանէր եւ զերկպառակութիւն զաւրացն, որ բազում ազգք բաժանեցան ի սիրոյ թագաւորին. ազդէր նմա եւ զտրտունջ զԱրեաց աշխարհին:

VII

MORE ON THE SAME WAR AND THE TORMENTS OF THE HOLY PRIESTS

Now in the 16th year of his reign, king [Yazdegerd] advanced again into the land of the Kushans in a great rage to wage war. Going from Vrkan to the land of Apar,[12] he commanded that the nakharars and the priests be kept imprisoned in the fortified city of Nishapur and took two of the blessed prisoners with him. He struck fear among all Christians along the way.

He saw a Hun named Bel of royal stock from the land of Khaylndurk who had secretly humbled himself to the Christians and enthusiastically learned the truth from them; despite willingly subjecting himself to the king's authority, he became bitter when he saw the torments of the holy ones. But being powerless to help them, he fled to the king of the Kushans. He went and told him of all the torments that the king had inflicted upon Armenia, about the breach against the fortress of the Huns and the dissension of the soldiers by which many nations dissolved their attachment to the king. He also alerted him of the grumbling in the land of the Aryans.

---

12 *Vrkan to Apar:* Hyrcania to Khorasan.

Զայս իբրեւ լուաւ թագաւորն Քուշանաց, ոչ ինչ երկմտութեամբ թերանայր յառնէն, եւ ոչ կարծիք լրտեսի անկանէին ի սիրտս նորա: Քանզի սակաւ մի յառաջագոյն նորա լուեալ էր, դարձեալ իբրեւ ստուգեաց ի Բելայն զայն եւս, եթէ խաղացեալ գայ ի վերայ աշխարհին Քուշանաց, փութա-ցաւ վաղվաղակի, զաւր ժողովէր գունդ կազմէր, ելանել նմա ընդ առաջ հզաւր ձեռամբ: Զի թէպէտ եւ ոչ կարէր յանդիման տալ պատերազմ ընդդէմ նորա, այլ ի վերջի թեւոյն անկեալ՝ բազում հարուածս հասուցանէր ի վերայ զաւրացն արքունի: Եւ այնպէս նեղեալ շտապէր, զի անձուկ լաշկարաւ վատախտարակ արարեալ՝ այսրէն դարձուցանէր, եւ ասպատակաւ զհետ մտեալ աւերէր զբազում գաւառս արքունի, եւ ինքն ողջանդամ անդրէն յերկիրն իւր դառնայր:

Եւ իբրեւ ետես թագաւորն, եթէ անարգանաւք եւ վատթարութեամբ դարձեալ եմ ի պատերազմէս, զիջաւ փոքր մի ի հպարտութենէն, եւ գիտաց եթէ յերկպառակութենէ զաւրացն եղեն չարիքն ամենայն: Եւ առ մղձկել սրտին՝ չգիտէր թէ յո՛ թափէր զթոյնս դառնութեանն: Իսկ մեծ հազարապետն յոյժ էր յերկիւղի, քանզի ինքն էր պատճառ ամենայն չարեացն որ գործեցան: Սկսաւ բանս ի բերան դնել մոգպետին եւ մոգացն, որք մատուցեալ յանդիման ասէին ցթագաւորն. «Արքայ քաջ, մեք ի դենէ գիտեմք, զի ոչ ոք ի մարդկանէ կարէ կալ առաջի քոյոյ մեծի զաւրութեանդ. այլ վասն քրիստոնէից, որ են ընդդէմ աւրինաց մերոց, բարկացեալ են մեզ աստուածքն, զի մինչեւ ցայսաւր կենդանի պահեցեր զնոսա»: Եւ յիշեցուցանէին եւս նմա, եթէ ո՛րպէս նոքա ի բանտի անդ անիծանէին զքեզ: Եւ բազում եւ այլ եւս հայհոյութիւնս խաւսէին զսրբոցն,

When the king of the Kushans heard this, he did not suspect or doubt the man at all, nor did he in his heart suspect him of being a spy. For he had already heard some of this in advance, so when Bel also confirmed that [Yazdgerd] was advancing upon the land of the Kushans, he promptly assembled his forces to march against Yazdegerd with a mighty hand. Although he could not oppose him in battle, he was able to inflict many blows upon the last flank of the royal army. And thus did he oppress them: With only a small regiment he created a setback that made them retreat, and then pursued them, raiding many of the royal provinces on the way before returning to his country in sound health.

When the king saw that he had returned from the war disgracefully, he fell somewhat from his pride and came to understand that all the harms had occurred because of the dissension of his soldiers. With his heart suffocating, he did not know upon whom to spill his bitter venom, and the great hazarbed was in great fear, for he was the cause of all the harms that had been wrought.

He began telling the *mogbed* and magi what to do. They came before the king and said: "Valiant king, we know from our religion that no mortal can withstand your great power; but regarding the Christians who oppose our customs, the gods have become angry at us, for till today you have kept them alive." They also reminded the king of how they had cursed him in prison. But they blasphemed the holy ones much more,

եւ զաւր հանապազ զնոսա յաչաց հանէին, եւ զմիտս թագաւորին ածէին ի ցասումն բարկութեան. մինչեւ փութացաւ վաղվաղակի հեղուլ զարիւն անմեղացն:

Եւ հրաման վասն երկուցն որ անդէն ի կարաւանին առ իւրն էին, Սամուէլ եւԱբրահամ, զի զաղտ կորուսցեն զնոսա: Իսկ որք էին ի դղեկ քաղաքին, հեռի էին ի կարաւանէն իբրեւ աւթիւք հնգետասան: Հրամայեաց համբարակապետին, որում անունն էր Դենշապուհ, զի յառաջ քան զնա երթիցէ ի քաղաքն, ուր էին սուրբ քահանայքն Տեառն, եւ չարաչար տանջանաւք իշխեսցէ դատել եւ հարցանել, եւ սրով վախճանել:

Այլ զնոսա մոգպետին յառաջագոյն, որում յանձն արարեալ էր, բազում անգամ աւելի քան զհրամանն արքունի չարչարեալ էր. քանզի իշխան դենպետ էր Ապար աշխարհին, եւ առաւել ջերմագոյն էր ի մոգութեանն. քան զբա-զում գիտունսն եւս տեղեակ էր զրադեշտական աւրինացն: Նա եւ զոր մեծ պարծանս համարէին ըստ իւրեանց մոլորութեանն կարգին, Համակդեն անուն էր. գիտէր եւ զԱմպարտքաշն, ուսեալ էր եւ զԲոզպայիտն, ունէր եւ զՊահլաւիկն եւ զՊարսկադենն: Քանզի այս հինգ կեշտք են, որ գրաւեալ ունին զամենայն աւրէնս մոգութեանն. բայց արտաքոյ սոցա է մեւս եւս այլ վեցերորդ, զոր Պետմոգն կոչեն:

and tried every day to slander them and drive the king to fury, until he hastened to spill the blood of the innocent ones.

The king commanded that the two who were there in his caravan, Samuel and Abraham, be secretly killed; while those who were [imprisoned] in the fortress of the city were a 15 days' journey from the caravan. He commanded the *hambarakabed*, whose name was Denshapur, to precede him to the city where the holy priests of the Lord were and to preside over their trial and interrogation with cruel torments, and to execute them with the sword.

But previously, the mogbed to whom they had been committed had already tortured them many times more than called for by the royal command—for he was the ruling *Denbed* of Apar, and more fervent in his magism and more knowledgeable of the Zoroastrian denominations than many of the knowledgeable ones. And they considered as praise-worthy his title of *hamakden*[13] in their aberrant ranks, and he was also versed in the *Ampartkash*, had learned the *Bozpayit* and knew the *Pahlawik* and the *Parskaden*. For these are the five denominations that constitute the whole religion of Mag-ism; but besides these there is another, a sixth, that they call *Bedmog*.

---

13 An Iranian compound word (*hamak*, all; *den*, religion), indicating one who is completely versed in the Magian religion.

Թուէր իմն անձին, եթէ կատարեալ իցէ ամենայն գիտութեամբ. հայէր ընդ երանելիսն, եթէ առ տգիտութեան մոլորեալ են ի մեծ գիտութենէս մերմէ: Եղ սնոտի կարծիս ի մտի՝ անդադար չարչարել զնոսա, զի թերեւս առ չժուժալ մարմնոյն նեղութեանց՝ լուայց ի նոցանէ բանս ինչ ողոքանաց: Վասն որոյ զատ եւ որոշեաց ի նախարարացն զքահանայսն, եւ հեռացոյց ի նոցանէ բացագոյն, եւ արկ զնոսա ի ներքնատուն մի զէճ խաւարչտին: Եւ հրամայէր վեց առն երկու քաշկէնս ժամէ ի ժամ, եւ դորակ եւ կէս ջուր. եւ ամենեւին ոչ զոք թողոյր մատ երթալ ի դուրս բանտին:

Եւ իբրեւ աւուրս քառասուն այսու նեղէր զնոսա, եւ ոչ լուաւ ի նոցանէ բան թուլութեան, այլ իմն ած զմտաւ, եթէ ոք յիւրոց ծառայիցն գաղտ եգիտ ինչ ի նոցանէ եւ ի ծածուկ տայցէ նոցա կերակուր: Ինքն երթեալ կնքէր զերդ եւ զդուռն բանդին, եւ զկարգեալ ռոճիկն տայր յիւր հաւատարիմսն տանել նոցա. եւ արար զայս աւուրս հնգետասան:

Սակայն եւ այնպէս երանելիքն ոչ ինչ շտապեալ տագնապեցան. այլ մեծաւ համբերութեամբ տանէին զճըգնութիւնն, եւ անդադար սաղմոսիւք կային ի հանապազորդ պաշտամանն. եւ ի կատարել աղաւթիցն զուարթագին գոհանալով՝ սակաւիկ մի հանգչէին ի գետնախշտի յանկողինսն:

It seemed to him that he was perfect in all knowledge. He looked upon the blessed ones as though 'they have ignorantly strayed from our great knowledge.' He conceived vain ideas to torment them incessantly, for perhaps they would not be able to endure these and he would hear flattering words from them. Therefore, he separated the priests from the nakharars, kept them apart, and threw them into a damp and dark dungeon. He instructed that only two barley rusks and a hin and a half of water be given to the six men from time to time, and did not allow anyone near the prison doors.

After afflicting them like this for forty days and hearing not a word of weakness from them, he suspected that one of his servants had been discovered by them and was secretly taking them food. So he went himself and sealed the skylight and door shut and thereafter had their ration taken to them by his loyal men. He did this for fifteen days.

But the blessed men were not pressed or alarmed by this, but endured the hardship with great patience and ceaselessly sang psalms in their daily worship. Upon completion of their prayers, they would contentedly rest a bit upon their floor beds.

Իսկ պահապանքն որ ի վերայ կապելոցն կային, յոյժ էին զարմացեալ ընդ առողջութիւն անհիւանդութեան նոցա, իբրեւ լսէին զանդադար հնչումն ձայնիցն: Վասն այնորիկ պատմեցին յականջս մոգպետին եւ ասեն. «Ոչ են արքն այն լոկ առանց մեծի զաւրութեան. զի եթէ պղնձի մարմինք ունէին նոքա, արդ լուծեալ էր ի գէճ խոնաւոյ անտի: Բազում ժամանակք են մեր, զի յանձն է մեզ պահպանութիւն բանտիս. ոչ յիշեմք՝ եթէ ի կապելոց ոք ամսաւրեայ ժամանակ կեցեալ է ի տանդ յայդմիկ: Արդ մեք ասեմք քեզ. եթէ առեր հրաման վասն մահու նոցա եւ սպանանես, դու գիտես. ապա թէ ոչ, պահել յանձն արարաւ քեզ եւ ոչ դատել զնոսա, չարաչար վտանգ է կապելոցն: Նա եւ մեք զահի հարեալ եմք եւ յոյժ երկնչիմք, յորժամ տեսանեմք զայնպիսի անհնարին նեղութիւնս»:

Եւ իբրեւ զայս լուաւ մոգպետն, յարուցեալ ինքնին երթայր ի մէջ գիշերին յերդ բանտին: Եւ հայեցեալ ի ներքըս ընդ մութ գիշերոյն, այն ինչ լինէր նոցա ի պաշտամանէն հանգչել, եւ տեսանէր զանձն իւրաքանչիւր կապելոցն, զի իբրեւ զկանթեղ անշիջանելի վառեալ բորբոքէր: Զահի մեծի հարաւ, եւ ասէր ընդ միտս իւր. «Զի՞նչ է այս մեծ սքանչելիքս. աստուածք մեր ուրեմն եկեալ իջեալ են ի բանտս, եւ նոցա փառաւորութիւնն լուցեալ բորբոքի: Եւ եթէ նոքա առ սոսա ոչ մերձենան, մարդոյ լոկոյ անհնարին է զայսպիսի պայծառութիւն լուսոյ զգենուլ: Իմ այսպէս լուեալ էր վասն կեշտխիս այսորիկ, եթէ առ յոյժ յիմարութեանն մոլորեալ են, եւ ստութեամբ կերպարանին յաչս տըգէտ մարդկան. թերեւս եւ այս տեսիլ այնպէս ինչ երեւեցաւ ինձ»:

But the guards who were overseeing the prisoners were astonished at their health and absence of illness while listening to the incessant sound of their voices. Therefore, they related this to the mogbed and said: "These men are not without great power, for even if they had bodies of copper, the dampness of the dungeon would have destroyed them. We have been entrusted with guarding this prison for a long time, yet we cannot recall any prisoners who lasted even a month in the premises. So we say to you: Only you know whether you have been authorized to sentence them to death; but if, on the other hand, you have been instructed to hold and not prosecute them, these prisoners are in extreme peril. We ourselves are awestruck and extremely terrified whenever we witness their extreme torments."

When the mogbed heard this, he got up and went to the skylight in the middle of the night. He looked inside through the darkness of the night just as they were resting after their service and saw that each of the prisoners was like the burning fire of an inextinguishable lamp. He was awestruck and said to himself: 'What is this great wonder? Our gods must have come and descended into this prison and set their glory alight. For it would have been impossible for man alone to don such bright light without the gods being near them. But I have also heard that this sect are misled by their great folly, and that they deceitfully transform themselves to the eyes of ignorant men, which is perhaps how this vision appears to me."

Եւ ոչ կարէր համարէն կալ ի վերայ իրացն երեւման: Եւ մինչդեռ յայսմ մտաց խորհրդի էր, դարձեալ սուրբքն յիւրաքանչիւր խշտեկացն կանգնեցան կացին ի սովորական պաշտամանն: Յայնժամ ճշմարտեալ գիտաց մոգպետն. եթէ ոչ այլ ընդ այլոյ տեսանէր՝ որ երեւեցաւն նմա, այլ ի նոցունց յանձանց փայլէր լուսաւորութիւնն: Յայնժամ կրկինանգամ զահի հարաւ եւ ասէ. «Ո՞ւմ ի կապելոցն եղեւ այսպիսի յայտնութիւն. ես եւ ոչ զմի ոք ոչ գիտեմ, եւ ոչ լուեալ է իմ ի հարցն յառաջնոց»: Եւ քանզի անհնարին շարժեցաւ ի մեծ աքանչելեացն, եւ դողացին ամենայն մարմինքն, եւ թմբրեալ կիսամեռ լինէր ի վերայ տանեացն մինչեւ յառաւաւտն. եւ ի ծագել լուսոյն իբրեւ զքազմաւրեայ հիւանդ յարուցեալ երթայր ի վանս իւր, այլ եւ ոչ ումեք իշխեաց ամենեւին պատմել զոր ինչ ետեսն:

Կոչեաց առ իւր զպահապանսն եւ ասէ ցնոսա. «Երթայք հանէք զկապեալսն ի վերնատուն մի ցամաքագոյն, եւ անդ պահեցէք զնոսա զգուշութեամբ, որպէս եւ ասացէքն»: Մի ոմն ի դահճաց անտի, իբրեւ լուաւ զհրամանս մոգպետին, փութով ընթացեալ երթայր, իբրեւ մեծ իմն աւետիս տանէր նոցա: «Հրամայեաց ձեզ, ասէ, ելանել ի ցամաք վերնատուն մի. արիք վաղվաղակի, եւ մի՛ հեղգայք, քանզի եւ մեք իսկ պաղատեցաք վասն ձերոյ տառապանացդ»:

But he couldn't get over the sight. And while he was having these thoughts, the saints rose, each from his bed, and returned to their customary worship. Then the mogbed realized that he had not had some other vision but that the illumination really shone from their persons. He was awestruck again and said: 'What prisoner has ever had such a revelation? I personally do not know of anyone, nor have I heard of any from my forefathers.' Being extremely moved by this great wonder, his whole body trembled and he fainted and fell into a stupor on the roof until morning. At dawn, he got up as though he had been ill for a long time and went to his dwelling place, but he did not dare to tell anyone about what he had seen.

He called for all his guards and said to them: "Go and take the prisoners to the driest upper room and guard them carefully, as you yourselves suggested." On hearing this command from the mogbed, one of the tormentors hurried to deliver the good news to them. "He ordered you," he said to the prisoners, "to go up to a dry upper room; get up quickly, do not tarry, for we pleaded with him on account of your torments."

Իսկ սուրբն Յովսէփ հեզաբար սկսաւ խաւսել ընդ դահճին եւ ասէ. «Երբ եւ ասաց յիմար առաջնորդն ձեր. Չէ՞ լուեալ քո վասն հանդերձեալ գալստեան Տեառն մերոյ եւ կամ վասն հրաշակերտ շինուածոցն, որք մեզ կան պահին ի սկզբանէ պատրաստութեամբ, վասն որոյ դիւրաւ համբերեմք մեծի նեղութեանս առ սէր այնր յուսոյ՝ զոր տեսանեմք: Դու բարւոք արարեր, զի արգահատեցեր մեծի նեղութեանս մարմնոյ. այլ ոչինչ եմք ձանձրացեալք իբրեւ զանաստուած ոք, որ չիք այլ ինչ յոյս ի միտս նորա քան որ երեւին: Այլ մեք առ սէր Քրիստոսին մերոյ՝ ընդ այս յոյժ եմք խնդացեալ, եւ կատարեալ պարգեւս զսա իսկ համարիմք, զի ժամանակեայ վշտաւքս զանժամանակեան երանութիւնսն ժառանգեսցուք:

Եթէ շինուածոց իցեմք ցանկացեալք, ունիմք շինուածըս յերկինս առանց մարմնաւոր ձեռագործի, որ ոչ երեւին ձեր արքունիքդ առ նոքաւք: Նոյնպէս եւ հանդերձից եւ փառաց եւ անախտ կերակրոց. զոր եթէ ոք կամեսցի ասել ձեզ, չհանդարտէ լսել ձեր տկարութիւնդ. վասն զի կուրութեան հնութեամբն չտեսանէք եւ ոչ լսէք եւ ոչ իմանայք, յայն սակս զմեզ զուր եւ անիրաւ եւ առանց յանցանաց անողորմն դատիք: Այլ մեր Թագաւորն առատ է եւ բարերար, եւ բաց է դուռն արքայութեան նորա. եթէ կամեսցի ոք դիմել՝ դիմեսցէ համարձակ. ի դարձելոց յապաշխարութիւն չնախանձի եւ ոչ ընդ ումեք երբէք:

But the saintly Hovsep began to talk mildly and said to the tormentor: "Go and tell your foolish leader: 'Have you not heard of the future coming of our Lord, or of the magnificent buildings that have been prepared and maintained for us from the beginning, because of which we easily endure these great torments for the love of the hope that we see? You did well to pity the great torments of our bodies, but we are not at all troubled like godless persons who have no other hope in mind than what they can see. Rather, we greatly rejoice in this [torment] out of our love of Christ, and even consider it a perfect gift, for through these temporary afflictions we shall inherit timeless beatitude.

"If it is buildings we should desire, we have buildings in the heavens made without hands next to which your palaces look like nothing. The same goes for clothing, glory, and undefiled food, which your infirmity would not bear to hear about even if someone should set his heart on telling you about these, because your long-standing blindness prevents you from seeing, hearing and understanding. And it is on account of this that you judge us vainly, falsely, baselessly and mercilessly. But our king is great and beneficent, and the door of His kingdom is open. Anyone who wishes to go may do so freely, for He never begrudges anyone in their penitence.

Բայց վասն դիւրութեանն՝ որ դու հրամայեցեր առնել մեզ, էր մեր իշխանութիւն անդրէն յաշխարհին մերում չանկանել մեզ ի ձեռս թագաւորիդ. որպէս եւ այլքն՝ զի ապրեցան յայսպիսի փորձանաց. այլ որպէս կամաւք եւ յաւժարութեամբ եկաք, իբրեւ թէ գիտէաք զվիշտս վտանգիս, ոչ ինչ զանգիտեցաք յայսպիսի ճգանց, սոյնպէս եւ կամիմք՝ զի եւ այլ եւս ծանրացուսցես ի վերայ մեր, մինչեւ քո չարութիւն կամացդ յագեսցի ի մեզ: Զի թէ Աստուածն մեր, որ է Արարիչ երկնի եւ երկրի եւ ամենայն երեւելեաց եւ աներեւութից, եւ առ սէր իւրոյ բարերարութեանն խոնարհեցաւ առ ազգս մարդկան, եւ զգեցաւ մարմին չարչարելի, եւ անց ընդ ամենայն հանդէս առաքինութեան, եւ կատարեաց զամենայն գործ տնտեսութեան ի կամս իւր, մատնեցաւ ի ձեռս խաչահանուացն, մահու մեռաւ եւ եդաւ ի գերեզմանի, եւ զաւրութեամբ Աստուածութեանն իւրոյ յարուցեալ երեւեցաւ աշակերտացն եւ այլոց բազմաց, եւ վերացաւ առ Հայր իւր յերկինս, եւ նստաւ ընդ աջմէ հայրենի աթոռոյն, եւ շնորհեաց մեզ զաւրութիւն երկնաւոր, զի ըստ նորա անմահութեանն՝ եւ մեք մերով մահկանացու մարմնովս կարիցեմք չարչարակից լինել անմահ մեծութեանն, եւ նա ոչ եւս իբրեւ զմահկանացու համարի զմեր մահն, այլ իբրեւ անմահից հատուցանէ մեզ զվարձս վաստակոց մերոց, արդ փոքր համարիմք մեք զչարչարանս զայս առ սէր փոխարինին, զոր էարկ առ ազգս մարդկան»:

"But as for the respite you have ordered for us, we had the power not to fall into the hands of your king when we were still in our own country, in the same way that others survived such perils. But since we came willingly in spite of the tribulations and dangers that would await us, we were not in the least alarmed by such afflictions and will even have you oppress us further, until you are satisfied with your malice against us. For if our God, who is the Creator of heaven and earth and all that is visible and invisible, humbled Himself to humanity out of the beneficence of his love, wore a human body, accomplished all virtue, completed all works of [divine] economy by His own will, was betrayed into the hands of His crucifiers, put to death and placed in a tomb, rose up through His divine power and appeared to His disciples and many others, ascended to His father in heaven, sat on the right of His Father's throne and bestowed us with heavenly power so that by His immortality we may, through our own mortal bodies attain the greatness of immortality as those who suffered with him did, that He no longer consider our death as mortal, but that He render righteous rewards to us as immortals... Thus, we consider these torments as trivial in exchange for the love that He extended unto mankind."

Իբրեւ լուաւ զայս ամենայն բանս մոգպետն ի դահճապետէ անտի, խռովեցաւ, պղտորեցաւ ի միտս իւր, եւ հատաւ քուն յաչաց նորա զբազում գիշերս: Իսկ յաւուր միոջ յերեկուն պահուն յարուցեալ երթայր առ նոսա միայնիկ մնջիկ, եւ ոչ զոք առնոյր ընդ իւր ի սպասաւորացն: Եւ իբրեւ եհաս ի դուրս տանն, հայէր ընդ ծակ մի ի ներքս եւ տեսանէր ըստ առաջին տեսլեանն. բայց նոքա ի քուն կային խաղաղիկ: Հեզաբար կարդաց յանուանէ զեպիսկոպոսն, քանզի քաջ իսկ գիտէր պարսկերէն: Եկն ի դուրս եւ հարցանէր. «Ո՞վ ես դու:» Ես ինքն իսկ եմ, ասէ. կամիմ ի ներքս մտանել եւ տեսանել զձեզ»:

Եւ իբրեւ եմուտ ի մէջ սրբոցն, ոչ եւս երեւէր նմա այլ նշանն. եւ պատմեաց նոցա զերկիցս երեւումն սքանչելեացըն: Ետ պատասխանի Ղեւոնդ երէցն եւ ասէ. «Աստուած, որ ասաց ի խաւարի լոյս ծագել, որ եւ ծագեաց եւ լուսաւորեաց իմաստութեամբ զաներեւոյթ արարածս, նոյն զաւրութիւն եւ այսաւր ծագեաց ի խաւարեալ միտս քո, եւ բացան աչք կուրացեալ ոգւոյդ եւ տեսեր զանշիջանելի լոյս շնորհացն Աստուծոյ. փութա, մի՛ հեղգար. գուցէ դարձեալ կուրացեալ ընդ խաւար գնայցես»:

When the mogbed heard about all this from the officer, he was troubled; his mind went into a state of confusion and sleep departed from his eyes for many nights. Then, one night, he got up and went to [the prisoners] alone, silently, without taking any of his officers with him. When he reached the door of the prison cell, he looked inside through an aperture and saw the same vision as before, but now they were in tranquil sleep. He gently called the bishop [Hovsep] by name, for he spoke Persian well. The bishop came to the door and asked: "Who are you?" "It is me," he said. "I would like to come in and see you all."

When he entered among the holy ones, the sign no longer appeared to him, but he told them about his two astonishing visions. The presbyter Ghevond answered and said: "God commanded the light to shine out of darkness, illuminating His creations with His wisdom; that same power is what shone in your darkened mind today and the eyes of your blinded soul were opened and you saw the inextinguishable light of God's grace. Hurry, don't delay, lest you become blind again and walk in darkness."

Եւ զայս իբրեւ ասաց, յոտն կացին ամենեքեան ասելով ի քառասներորդ երկրորդ սաղմոսէն. Առաքեա, Տէր, զլոյս քո եւ զճշմարտութիւն քո, զի նոքա առաջնորդեսցեն եւ ածցեն զմեզ ի լեառն սուրբ եւ ի յարկս քո: Արդարեւ ճշմարտիւ, Տէր, առաջնորդեցեր եւ ածեր զմնորեալս զայս յանանց ուրախութիւնդ եւ յանմերժելի հանգիստդ: Ահա նմանեալ է աւրս այս սուրբ չարչարանացն քոց. որպէս ապրեցուցեր զմահապարտ աւազակն յերկրորդ մահուանէն, եւ նովաւ բացեր զաղխեալ դուռն Աղենայ, այսպէս գտեր եւ զայս կորուսեալս. որ էր պատճառք մահու բազմաց, արդ արարեր զսա պատճառք կենաց մեզ եւ անձին իւրում: Գոհանամք զքէն, Աստուած, գոհանամք եւ ձայնակիցք լինիմք սուրբ մարգարէին. Մի՛ մեզ, Տէր, մի՛ մեզ, այլ անուան քում տուր փառս վասն ողորմութեան եւ ճշմարտութեան քո. զի մի՛ երբէք ասասցեն ի հեթանոսս, թէ ո՞ւր է Աստուած նոցա. որպէս եւ այսաւր իսկ յայտնի եղեւ զաւրութիւն քո մեծ ի մէջ ապարասան խաւարազգեստ ազգիս:

Իսկ որ ձրին եգիտ զաստուածատուր շնորհսն, սկսաւ եւ նա առանձինն ասել. Տէր լոյս իմ եւ կեանք իմ, ես յումմէ՞ երկեայց. Տէր ապաւէն կենաց իմոց, ես յումմէ՞ դողացայց: «Քանզի գիտեմ ճշմարտիւ, եթէ բազում են այսուհետեւ թշնամիք իմ, եւ կամին մերձենալ եւ ուտել զմարմինս իմ. այլ դու, Տէր ամենայնի, եկիր վասն ամենեցուն կենաց, զի դարձցին եւ կեցցեն առաջի քոյոյ մարդասիրութեանդ:

When he had said this, they all arose, reciting these lines from the 42nd Psalm: "'O Lord, send out your light and your truth! Let them lead me; let them bring me to your holy hill and to your tabernacle.'[14] Truly, Lord, you have led this wanderer and brought him your imperishable joy and unassailable tranquility. Behold, this day is like the day of your holy sufferings; as you saved the life of the condemned thief from his second death, thus opening the locked gate of Eden, so have you found this lost soul—he who was a cause of death for many, you have now made into a cause of life for us and himself. We thank you, God, we thank you and concert with the holy prophet: 'Not to us, Lord, not to us, but to your name give glory, for your mercy and for your truth, that it may never be said among the heathens: Where is their God?' Just as today, your great power was revealed in this impudent generation clothed in darkness."

And the man who discovered God-given grace began to speak himself: "'The Lord is my light and my salvation; whom shall I fear? The Lord is the strength of my life, of whom shall I be afraid?'[15] For I know it is true that my enemies are from now on numerous and will want to approach and devour my flesh; but you, Lord of all, came on account of the life of all, that they may return and live before your love for humanity.

---

14 Psalm 42:3 (LXX).
15 Psalm 26:1 (LXX).

Մի՛ որոշեր զիս ի սուրբ գառանցս, յորս խառնեցայ, զի մի՛ ըստ քո փարախդ արտաքս ելեալ՝ չար գազանն դարձեալ բեկանիցէ զիս: Մի՛ հայիր, Տէր, ի բազմամեայ ամբարշտութիւնս իմ, զի մի՛ մոլորեալ ի ճշմարիտ կենացդ՝ զբազումս անդրէն ի կորուստ աշակերտիցեմ, այլ որոց եղէ պատճառք մահու, նոցին եղէց եւ պատճառք կենաց: Սատանայ՝ որ ինեւ խրոխտացեալ պարծէր ի մէջ մեծի կորստականացըս, ինեւ կորացեալ ամաչեսցէ ի մէջ իւրոց աշակերտացն»:

Եւ զայս իբրեւ ասացին, նմին իսկ եռուն կատարել զաղաւթսն, եւ դադարեցին նովաւ համդերձ մինչեւ ի պահն երրորդ, եւ այնպէս խաղաղեալ կացին ի քուն ամենեքեան մինչեւ ի ժամ առաւաւտուն:

Իսկ նորա յոտն կացեալ, եւ ի քուն ոչ մտեալ, այլ զձեռսն իւր ի վեր ամբարձեալ՝ կայր յաղաւթս: Եւ մինչդեռ ընդ երդն պշուցեալ հայէր յերկինս, յանկարծակի տունն լի եղեւ լուսով. եւ երեւեցան նմա սանդուղք լուսեղէնք, որ կանգնեալ էր յերկրէ ի յերկինս. եւ գունդք գունդք զաւրաց ելանէին ի վեր. եւ էր ամենեցուն տեսիլն նոր եւ չքնաղ եւ ահաւոր եւ սքանչելի իբրեւ զտեսիլ հրեշտակաց: Ունէր եւ գթիւ համարոյ ի միտս իւր զիւրաքանչիւր գնդիցն, զոր տեսանէր. էր որ զհազարի, էր որ զերեսուն եւ զերից, էր որ զերկերիւրոց եւ զերեքտասանից: Եւ այնպէս մաւտագոյնս մերձենայր, մինչեւ ճանաչել նմա զերիս ի նոցանէ, զՎարդան եւ զԱրտակ եւ զԽորէն: Եւ ունէին ինն պսակ ի ձեռին. Խաւսէին ընդ միմեանս եւ ասէին. «Ահա եկն եհաս ժամ, զի եւ սոքա խառնեսցին ի գունդս մեր. քանզի եւ մեք սոցա իսկ մնայաք, եւ զառհաւատչեայ պատիւ սոցա բերաք: Եւ որում ոչ եւս մնայաք՝ եկն երեւեցաւ եւ խառնեցաւ, եւ եղեւ իբրեւ զմի ի զինուորացն Քրիստոսի»:

Do not distinguish me from the holy lambs whom I have joined, so that that the wicked beast does not plague me again when I come out of the sheepfold. Do not look, Lord, on my long-standing impieties, lest I stray from true life and teach many of destruction, but rather let me become a cause of life for those to whom I had been a cause of death. Through me shall Satan, who was swaggering with arrogance among heretics, now hang his head in shame among his own disciples."

When they said this, they had him complete the prayers and stayed with him until the third watch of the night, and they all remained in peaceful sleep until morning.

The mogbed remained standing and did not go to sleep, but rather, spread out his hands in prayer. As he was looking intently toward heaven through the skylight, suddenly the cell became filled with light and steps of light appeared to him, leading from earth to the heavens, and hosts of the army were ascending them. Everyone appeared as angels—new, magnificent, awesome and splendid. He had in mind the number of each of the hosts that he saw—one with 1,000; another, 33; and another, 213. They came so close to him that he even recognized three of them—Vartan, Artak and Khoren. They had nine crowns in their hands, and were speaking among themselves: "At last, the time has come for them to join our hosts; for we held out for them, and we have brought them the assurance of honor. And one whom we were not waiting for came, joined the others, and became one of Christ's soldiers."[16]

---

16 Cf. 2 Timothy 2:3.

Այս երիցս անգամ երեւեցաւ չքնաղ տեսիլս առն ե-րանելւոյ: Զարթոյց զուրբսն ի քնոյ անտի, եւ պատմեաց նոցա զամենայն տեսիլն կարգաւ:

Իսկ նոքա յարուցեալ կացին յաղաւթս եւ ասէին. Տէր Տէր մեր, զի՞ սքանչելի է անուն քո յամենայն երկրի. համբար-ձաւ մեծ վայելչութիւն քո ի վերոյ քան զերկինս. Ի բերանոյ մանկանց տղայոց ստնդիացաց հաստատեցեր զաւրհնու-թիւն, զի եղծցի թշնամին եւ հակառակորդն: Զի ոչ եւս է այ-սուհետեւ ասել, եթէ Տեսից զերկինս զգործս մատանց քոց, այլ թէ տեսից զքեզ Տէր երկնի եւ երկրի. որպէս երեւեցար իսկ այսաւր ի ձեռն սուրբ զաւրականացն քոց հեռաւոր աւ-տարիս, որ անցեալ էր ըստ ակնկալութիւն կենաց իւրոց:

«Ահա դու, Տէր, ողորմութեամբ քով պսակեցեր զսի-րելիս քո, եւ գթութեամբ քով ելեր ի խնդիր կորուսելոյս, դարձուցեր եւ խառնեցեր ի դասս սրբոց քոց: Ոչ միայն ետես սա զերկինս՝ զգործս մատանց քոց, այլ ետես զերկինս եւ զբնակիչս նորա, եւ մինչդեռ է յերկրիս՝ խառնեցաւ ի գունդս բիւրաւոր հրեշտակաց քոց: Ետես եւ զոգիս արդարոց կա-տարելոց, ետես եւ զնմանութիւն փառաց աներեւոյթ պատ-րաստութեանցն, ետես եւ ի ձեռին նոցա զանշուշտ ռբու-նայն՝ որ հանդերձեալ պահի ի ձեռն ճարտարապետին:

Three times did this marvelous vision appear to the blessed man. He woke the holy ones from sleep and explained the whole vision to them.

Then they rose up in prayer, saying: "O Lord, our Lord, how excellent is your name in all the earth! Your great glory has surpassed the heavens! Through the mouths of children and infants you have ordained blessing, that you still your enemies and avengers. For it is no longer to be said: 'I consider Your heavens as the work of your fingers,' but instead, 'I consider you as the Lord of heaven and earth,' just as you appeared today through your holy soldiers to this distant stranger who no longer had any expectation of life.

"Behold, O Lord, you have crowned your beloveds with your mercy, and with your affection you have come forth for this lost one, reuniting him with the ranks of your holy ones. Not only did he see heaven as the work of your fingers, but he saw heaven and its inhabitants and joined the innumerable company of your angels while on earth.[17] He saw the souls of righteous martyrs,[18] the likeness of the glory of unmanifested preparations, and the wreaths in their hands with which they are kept as partakers of the work of the builder.[19]

---

17 Cf. Hebrews 12:22.
18 Cf. Hebrews 12:23; Revelation 20:4.
19 Cf. Hebrews 11:10; 1 Corinthians 3:10.

Երանի՜ սմա վասն սուրբ տեսլեանս, եւ երանի՜ է մեզ վասն սորա մերձաւորութեանս առ մեզ. քանզի հաստատեալ գիտացաք սովաւ, եթէ որում այսպիսի սքանչելիք յայտնին, մեծ մասն ընկալաւ սա յանսպառ քոց բարութեանցդ: Անսպառ են պարգեւքն քո, Տէր, եւ առանց խնդրելոյ տաս ում եւ կամիս քոյով յորդ եւ աննախանձ առատութեամբդ: Եւ եթէ որ ոչն խնդրեն՝ չարգելուս ի նոցանէ, բա՜ց մեզ, Տէր, զդուռն ողորմութեան քո, որ ի մանկութենէ մերմէ ցանկացեալ եմք բարեմասնութեան սրբոց քոց: Զնորագիւտ դաստակերտս քո բարեխաւս առնեմք վասն անձանց մերոց. մի՛ ընկղմեսցի նաւ հաւատոց մերոց ի մէջ ալեկոծեալ ծովու մեղաց»:

Եւ այսպէս յերկար կատարելով զաղաւթսն, յորդ եւ առատ արտասուս հեղուին ի վերայ անձանց իւրեանց: Գութ ողոքանաց արկանէին առաջի բարերարին, զի լսելի լիցի ձայն պաղատանաց նոցա, եւ հաստատուն կացցեն ի վիշտս ճգանցն, զի մի՛ զրկեսցին ի ցանկալի պսակացն, զոր ունէին սուրբքն ի ձեռս իւրեանց, որպէս եւ ազդեցաւ նոցա ի Հոգւոյն սրբոյ. զի մերձեալ էր ժամանակ կոչման նոցա, որպէս զի երթիցեն եւ աներկեւղ դադարեսցին ի կասկածելի ակնկալութենէն, որում համբերէին բազումք տառապանաւք, զի առհաւատչէիւ փոքու հասցեն երկնաւոր մեծութեանն, որում ի վաղնջուց իսկ էին ցանկացեալք:

Blessed is he for his holy vision, and blessed are we for his proximity to us; for we were persuaded by him, to whom such wonders were revealed, and received a great part of your inexhaustible goodness. Your gifts are inexhaustible, Lord, and you give your plentiful and generous abundance to whom you desire without demand. And if you do not withhold even from those who do not demand of you—open, O Lord, the door of your mercy for us, who from childhood have longed to qualify as your holy ones. This newly discovered field[20] of yours we take as our intercessor; do not let the ship of our faith sink in the tempestuous sea of sins."

Carrying out their prayers for a long time in this way, they shed a great many tears for themselves. They made supplication to the Benefactor that the sound of their entreaties be heard, and that they stand firm in the pains of their torments, lest they be deprived of their desired crowns that the saints had in their hands, as had been impressed upon them by the Holy Spirit. For the time of their calling was approaching, when they would depart and find quiet from the fear of doubtful anticipation that they had endured through many torments, to arrive with their small pledge at the heavenly greatness for which they had longed.

---

20 *i.e.,* the mogbed (c.f., Proverbs 24:27; 1 Corinthians 3:9).

Եւ քանզի ինքն իսկ մոգպետն իշխան էր աշխարհին, եւ նմա յանձն արարեալ էր զկապեալսն քաղաքին, վասն այնորիկ եւ համարձակութեամբ ընդ առաւօտն հանեալ տանէր զկապեալսն յապարանսն իւր: Լուանայր եւ սրբէր զնոսա ի չարչարանաց բանտին, առնոյր զջուր լուացման սրբոցն եւ արկանէր զիւրով մարմնովն: Ուղղէր ի տան իւրում աւազան, եւ ընդունէր ի նոցանէ զսուրբ մկրտութիւնն. հաղորդէր ի կենդանարար մարմինն եւ ի քաւիչ արիւնն Տեառն մերոյ Յիսուսի Քրիստոսի: Բարձր բարբառով աղաղակէր եւ ասէր. «Մկրտութիւնս այս լիցի ինձ ի լուացումն մեղաց իմոց, եւ ի ծնունդս նորոգութեան վերստին Հոգւոյն սրբոյ, եւ ճաշակումն անմահ խորհրդոյս ի ժառանգութիւն երկնաւոր որդէգրութեանն»: Դնէր եւ ըստ մարմնոյ առաջի նոցա սեղան կերակրոյ, եւ մխիթարութեան բաժակ մատուցանէր նոցա, եւ միաբանէր ընդ նոսա ի հացին ւրհնութեան:

Այլ թէպէտ եւ ինքն եհաս յերկնաւոր բարիսն, եւ աներկեւղ էր ի մարդկանս հարուածոց, սակայն վասն ընտանեացն յոյժ ունէր կասկած, զի մի՛ իբրեւ վնասակարք մատնեսցին յիրս արքունի: Վասն այնորիկ ի ծածուկ կոչէր ի գիշերի եւ զնախարարսն, որ ի նմին քաղաքի էին ի կապանս, եւ առնէր ծախս մեծամեծս: Եւ էին ամենեքեան ի մեծի խնդութեան վասն նոր սքանչելեացն, որ երեւեցաւ նոցա: Ոչ յիշէին ամենեւին, եթէ վիշտք ինչ անցեալ էին ընդ նոսա:

In the morning, the mogbed took the initiative to remove the prisoners from the city and took them to his palace since he was the ruler of the land and they had been committed to him. He washed and cleaned them from the afflictions of the prison and poured their bathwater over himself. He set up a font in his house and received holy Baptism from them, and Communion with the vivifying body and redeeming blood of our Lord Jesus Christ. He cried out with a loud voice and said: "Let this baptism be the washing away of my sins, and a re-birth in the Holy Spirit, and this consumption of the immortal sacrament my inheritance of heavenly adoption." He set before them a table of food for the body, offered them a cup of conso-lation, and joined them in the blessing of the bread.

But even though he had acquired heavenly goodness and was fearless of being beaten by mortals, he was in a state of great anxiety about his family, lest they be betrayed as perilous to the royal affairs. That's why he secretly summoned the na-kharars who had been imprisoned in the same city in the mid-dle of the night at great cost to himself. They were all rejoicing on account of the new wonders that had appeared before them and did not remember a thing about the tribulations they had undergone.

Բայց ի ժամ բազմականացն կարծիք իմն եղեն ի միտս սրբոցն վասն երիցու միոյ, որ էր ընդ նոսա ի սուրբ կապանսն. զի ի մէջ շինական մարդկան կեցեալ էր, եւ տըգիտագոյն եւս էր ի գրոց մխիթարութենէ: Հրամայեցին նմա ունել զգլուխ բազմականին. Եւ պատասխանի երանելին եւ ասէ. «Զի՞նչ է այդ, զոր դուքդ գործէք. եւ կամ յինէն զի՞ թաքուցանէք զծածուկս խորհրդոցդ: Ես քան զկըրսերս ձեր խոնարհագոյն եմ, եւ քան զեւս փոքունս յաշակերտաց ձերոց տգիտագոյն եմ. զիա՞րդ կարացից այդմ տանել: Այս իսկ մեծ էր ինձ, զի սուրբ կապանաց ձերոց հաղորդեալ եմ այսաւր: Եթէ արժանի համարիք ձերում սեղանոյդ, կալարուք դուք զիւրաքանչիւր տեղի բազմականիդ, եւ հրամայեցէք ինձ զիմ տեղին»: Եւ բռնադատեաց սուրբ եպիսկոպոսն միաբանութեամբ ամենայն սրբոցն, եւ ի վերոյ քան զամենեսեան բազմեցուցին զնա:

Եւ իբրեւ բոլորեցաւ ակումբ բազմականին, եւ հաղորդեցան ամենեքեան ի կերակուրն զուարթութեամբ, յոտն եկաց սուրբն Յովսէփ, եւ սկսաւ զուրախութեան նըւագն մատուցանել եւ ասել այսպէս.

«Ուրախ լերուք ամենեքեան ի Քրիստոս. քանզի վաղիւ այս ժամ իցէ՝ ահա մոռացեալ իցէ մեր զամենայն նեղութիւնս եւ զչարչարանս զոր կրեցաք: Եւ փոխանակ սակաւ աշխատութեանս մերոյ՝ բազմապատիկ հանգիստ ընդունելոց եմք, եւ փոխանակ խաւարային արգելանի բանտի՝ մտանելոց եմք յերկնից քաղաքն լուսաւոր, որոյ քաղաքի քաղաքապետ ինքն Քրիստոս է, հանդիսապետ, յորում

But when they were about to be seated, the saints recalled one of the priests who had been with them in holy shackles, who was the most unlearned in the consolations of Scripture, having lived among peasants. They ordered this blessed man to sit at the head of the table, to which he replied and said: "What are you doing? Why are you keeping secrets from me? I am lowlier than the lowest of you and more unlearned than your lowliest pupils. How can I do that? It was great enough for me to be in holy shackles with you today. If you consider me worthy of your table, then take your places and leave me to mine." But the holy bishop Hovsep and all the saints compelled him to be seated above them all.

Then when the group had sat around the table to eat their food in joy, Saint Hovsep stood up and began the festive hymn:

"Rejoice, all, in Christ; for tomorrow at about this time, all the troubles and torments we have borne shall be forgotten to us. In exchange for our small efforts we shall receive manifold comforts; instead of this dark prison we shall enter the luminous city, Heaven, where Christ himself is the magistrate, as well as the agonothete of the stadium in which He himself

ասպարիսի նախ ինքն առաքինացաւ առնելով զնշան յաղթութեան: Եւ այսաւր նոյն Տէր է, որ յաջողէ մեզ զնոյն նշան ընդունելով ի փրկութիւն անձանց մերոց եւ ի պարծանս մեծափառ սուրբ եկեղեցւոյ: Եւ զոր աւրինակ տեսէք դուք զեղբայրս զայս ի գլուխ բազմականիս մերոյ, սոյնպէս սա նախընդունելոց է վաղիւ զպսակն ի ձեռն կատարմանն իւրոյ: Զի ահաւասիկ եկն եհաս եւ մերձեցաւ առ մեզ թշնամին կենաց մերոց եւ պսակիչ սուրբ չարչարանաց ծառայիցս Քրիստոսի»:

Զայս իբրեւ ասաց, լուաւ ի նմանէ բանս պնդութեան, որով յոյժ մխիթարեցան ամենեքեան:

Ասէ. «Ի սուրբ աղաւթից ձերոց այսպէս արասցէ ինձ Քրիստոս, եւ կատարեսցէ զելս վախճանին իմոյ յաշխարհէս ըստ բանի քում: Եւ ահա ընդ ասելդ քո ազդումն եղեւ հոգւոյս իմոյ, եւ յիշեցի ես զմարդասիրութիւնն Քրիստոսի, որոյ եւ գալուստ իսկ նորա յաշխարհս վասն մեր մեղացն եղեւ: Գթասցի յիս որպէս եւ յաւազակն ի ժամ խաչին. որպէս նովաւ զդրունս փակեալ դրախտին եբաց, եւ յառաջեցաւ լինել կարապետ այնոցիկ՝ որ անդրէն ի նոյն տեղի դառնալոց էին յուրախութիւն, արասցէ եւ զիս այսաւր Տէր Յիսուս Քրիստոս սպասաւոր ձերում մեծաշուք գնդիդ:

first merited virtue, receiving the insignia of victory. Today it is the same Lord who helped us succeed in receiving the same insignia for the salvation of our souls and for the glory of the majestic Holy Church. Our brother whom you see at the head of our table will also be the first tomorrow to receive the crown through his martyrdom. For at last, the enemy of our lives and the crowners of the tormented ones among Christ's servants have begun to approach us."

Having said this, he heard words of solidarity from the mogbed, from which they received great consolation.

He said: "Christ shall do to me as through your holy prayers and fulfill my departure from this world according to your words. During your speech there was an effect on my soul, and I recalled Christ's love for humanity, whose coming to this world occurred because of our sins. May He have compassion for me as He did for the thief at the time of the crucifixion, through whom He opened the shut gates of paradise, making him the forerunner of those who were returning there in joy; as with him, let the Lord Jesus Christ make me a servant of your magnificent regiment today.

Աւանիկ վասն միոյ մեղաւորի, որ դառնայ յապաշխարութիւն, անվախճան լինի ուրախութիւն հրեշտակաց յերկինս. որպէս զի գիտեն իսկ զկամս Տեառն իւրեանց: Քանզի վասն միոյ կորուսելոյ ոչխարին եկն ի խնդիր, վասն այնորիկ եւ նոքա խնդակիցք լինին վասն միոյ դարձելոյ յապաշխարութիւն: Թերեւս վասն իմ իսկ եկեալ էր մեծ զաւրավարն Հայոց բազում սուրբ ընկերակցաւքն իւրովք. զպսակն վասն ձեր բերեալ էր, այլ զուրախութեան աւետիսն հասարակաց տայր: Եւ առաւել եւս ընդ իս էին զարմացեալ. զի ոչ ճանաչէին զիս ի կեանս իւրեանց, ահա ի սուրբ մահն իւրեանց կամին՝ զի եւ ես մասն ընկալայց ընդ երանելիսն:

Աղաչեմ զձեզ, տեարք իմ եւ հարք, աղաւթս արարէք ի վերայ անարժանութեանս իմոյ, զի արժանի եղէց մեծի աւետեացն հասանել, որ յանսուտ ձերոց բերանոցդ բարբառեցաւ ի լսելիս իմ: Արդ փութամ տեսանել զաւրն, եւ յաւուր անդ զժամն եկեալ հասեալ ի վերայ մեր: Եւ ե՞րբ իցէ՝ զի ելից ի թանձրաղանդաղ ձանձրալի մարմնոյս այսորիկ. ե՞րբ իցէ՝ զի տեսից զքեզ Տէր Յիսուս: Ե՞րբ իցէ՝ զի աներկիւղ եղէց ի մահուանէ. ե՞րբ իցէ՝ զի տգիտութիւնս իմ հասցէ ի կատարեալ գիտութիւն: Աւգնեա ինձ, Տէր, աւգնեա ինձ, եւ կարկառեա զամենազաւր աջդ յաւգնականութիւն. զի ըստ խոստման բանիցս իմոց եւ գործք արդեամբք կատարեսցին ի վերայ իմ. եւ փառաւոր լիցի յիս ի մեղաւորս անուն Տեառն մերոյ Յիսուսի Քրիստոսի»:

"Behold, on account of one sinner who turns to repentance, the angels in heaven have endless joy, because they know their Lord's will. For He came to seek a single lost sheep, and thus they rejoice together on account of one's turning to repentance. Perhaps it is for my sake that the great general of the Armenians came with his holy companions—he brought the crown for you, but the promise of joy he delivered to all. Yet they were more amazed with me, for they did not know me for all their days; but behold, in their holy death they willed for me to accept my share with the blessed ones.

"I beg you, my lords and fathers, pray for my unworthiness, so that I become worthy of attaining the great promise that was spoken from your guileless mouths for my ears. Now I endeavor to see the day and the hour that is upon us. When shall I give up this torpid and sluggish body of mine? When shall I see you, Lord Jesus? When will I be unafraid of death? When will my ignorance turn to perfect knowledge? Help me, Lord, help me, and extend your Almighty hand in assistance, that I be fulfilled according to my words of promise and my deeds, and that the name of our Lord Jesus Christ may be glorified in me, a sinner."

Զայս իբրեւ ասաց երանելին, յոտն կացին ի բազմականացն անդ, գոհանային ասելով. «Փա՜ռք քեզ, Տէր, փա՜ռք քեզ, թագաւոր, զի ետուր մեզ կերակուր ուրախութեան. լցո զմեզ Հոգւովդ սրբով, զի գտցուք առաջի քո հաճոյք եւ մի՛ ամաչեսցուք, զի դու հատուցանես իւրաքանչիւր ըստ գործս իւր»:

Ի նմին ժամու եղեւ խորհուրդ մեծ ի մէջ նոցա, թէ զի՞նչ աւրինակաւ կարասցեն ապրեցուցանել զմոգպետն, զի մի՛ լուեալ յարքունիսն՝ իբրեւ զհուր բորբոքեսցի բարկութիւն ի վերայ մնացելոցն: Իբրեւ ոչ ինչ կարացին ի ժամուն վճարել, միաբանութեամբ աղաւթս արարեալ՝ յԱստուած ապաստան առնէին զկեանս առնն հաւատացելոյ:

Իսկ նախարարքն հրաժարեցին ի սրբոցն յորդառատ արտասուաւք, եւ ողբալից ուրախութեամբ անկեալ յոտս նոցա աղաչէին մեծաւ պաղատանաւք՝ յանձն առնել զնոսա Հոգւոյն սրբոյ. «Զի մի՛ ոք ի մէնջ, ասեն, թուլացեալ եւ ելեալ արտաքս ի հաւասար միաբանութենէս, կերակուր լինիցի չարաբարոյ գազանին»:

Իսկ երանելիքն միաբան քաջալերէին զնոսա եւ ասէին. «Զաւրացարուք, եղբարք, ի Տէր եւ մխիթարեցարուք ի մարդասիրութիւնն Աստուծոյ, որ ոչ թողու զձեզ որբս, եւ ոչ ի բացէ առնէ զողորմութիւնն իւր ի մէնջ հաւատով ի Քրիստոս. բազում բարեխաւսիւքն, զոր ունիմք առ նմա, ոչ շիջանի վառումն կանթեղաց ձերոց, եւ ոչ ուրախ լինի խաւարասէր թշնամին կենաց ձերոց: Այլ նոյն Տէր է, որ զաւրացոյց զառաջին նահատակսն՝ խառնելով զնոսա ի գունդս հրեշտակաց իւրոց. նոցուն սուրբ ոգիք եւ ամենայն դասք արդարոց հասցեն ձեզ յաւգնականութիւն համբերութեան, զի ընդ նոսին նոցունց պսակացն արժանի լինիջիք»:

When the blessed man said this, they arose from their seats and expressed thanks: "Glory to you, Lord, glory to you, king, for you gave us the food of joy—fill us with the Holy Spirit, that we find favor with you and that we be not ashamed, for you compensate each according to his deeds."[21]

At the same time, there was a discussion among them about how to save the mogbed, lest the king hear of this and spill the devouring fire of his wrath upon the survivors. When they couldn't settle on anything in time, they prayed together and relied on the Lord to save the life of that faithful man.

Then the nakharars bade farewell to the saints full of tears and fell before their feet in mournful joy, beseeching them with great invocations to commit them to the Holy Spirit: "Lest any of us," they said, "slack and leave our brotherhood, and fall prey to the wicked beast."

The blessed men encouraged them together and said: "Be strong in the Lord, brothers, and take comfort in God's love, who will not leave you as orphans[22] and will not take his mercy away from us because of our faith in Christ. With the many advocates that we have by Him, the light of your lamps will not go out nor will the darkness-loving enemy of your lives rejoice. But it is the same Lord who strengthened the first *nahataks* by joining them with the legions of His angels. Their holy souls and all the ranks of the just will patiently help you, that you may become worthy of the same crowns."

---

21 Psalm 61:12 (LXX).
22 Cf. John 14:18.

Զայս խաւսէին ընդ նոսա, եւ զգիշերն ամենայն սաղմոսիւք ի գլուխ տանէին. իսկ ի ժամ առաւաւտուն ասէին ամենեքեան. Ծագեա, Տէր, զողորմութիւնս քո՝ որք ճանաչեն զքեզ, զարդարութիւնս քո՝ որք ուղիղ են սրտիւք: Մի՛ եկեսցէ ի վերայ մեր ոտնամբարտաւանից, եւ ձեռք մեղաւորաց մի՛ դողացուսցեն զմեզ: Անդ անկցին ամենեքեան, որ գործեն զանաւրէնութիւն. մերժեցան, եւ այլ մի՛ կարասցեն հաստատել: Եւ անդէն վաղվաղակի հասին դահիճքն ի դուռն բանտին, մտին ի ներքս եւ տեսին, զի որ յառաջ մոգպետն էր, եւ նմա իսկ յանձն արարեալ էր պահել զնոսա, նստէր ի մէջ նոցա եւ լսէր ի նոցանէ, նա եւ քաջալերէր եւս զնոսա չերկնչել ի մահուանէ: Իբրեւ տեսին զմեծ սքանչելիսն դահիճքն, յոյժ զարմացան ընդ իրսն, այլ ոչ ինչ իշխեցին հարցանել ցնա. բայց չոքան եւ պատմեցին Դենշապհոյ, որում յանձն արարեալ էր զչարչարանս սրբոցն:

Իսկ նա իբրեւ լուաւ ի դահճացն արքունի, զահի մեծի հարաւ ի միտս իւր, թէ գուցէ եւ ինքն անձամբ ի ներքս լիցի, քանզի եւ ծանաւթագոյն եւս էր առնն: Հրամայեաց հանել ի բանտէ անտի զամենեսեան կապանաւքն, եւ հեռացուցանէր ի քաղաքէ անտի երկոտասան պարսիկ հրասախաւ: Եւ ի ծածուկ խաւսէր ընդ մոգպետին, եթէ զի՞նչ պատճառք իցեն կապանաց նորա: Եւ պատասխանի այրն եւ ասէ ցնա. «Մի՛ խաւսիր ընդ իս ի ծածուկ եւ մի՛ լըսեր զխորհուրդս լուսոյ ի մէջ խաւարի, զի բացան աչք իմ արդ, քանզի տեսի զլոյսն երկնաւոր: Եթէ կամիս լինել խորհրդակից կենաց, հարց ցիս յանդիման հրապարակաւ, եւ պատմեմ քեզ, զոր տեսի զմեծամեծսն Աստուծոյ»:

They were speaking of these things to them and singing throughout the night. In the morning they all said: "O, Lord, continue Your lovingkindness to those who know you, and your righteousness to the upright in heart. Let not the foot of pride come against me, and let not the hand of the wicked drive me away. There the workers of iniquity have fallen; they have been cast down and are not able to rise."[23] Immediately after that the officers reached the prison gate, entered and saw the mogbed, to whom the guarding of the prisoners had been committed, sitting among them and listening to them, and even encouraging them not to fear death. When the officers saw these surprising things, they were stunned, but they did not dare to ask him any questions; instead, they went and explained what had happened to Denshapur, who had been assigned to torture the saints.

As soon as he heard this from the royal officers, he was terrified that he might be considered an accomplice, for he was the closest acquaintance of the man. He ordered that all the prisoners be removed and had them banished 12 parasangs out of the city. Then he spoke secretly with the mogbed, asking the reasons for their imprisonment. The man responded and said: "Do not speak secretly with me and do not hear of the counsels of light in darkness, for my eyes opened because I saw the heavenly light. If you want to partake in the counsels of life, question me before the public and I will tell you of God's awesome wonders that I have seen."

---

23   Psalm 35:7-10 (LXX).

Եւ իբրեւ լուաւ ի նմանէ զամենայն, եւ ստուգեաց եւս վասն իւրոյ միաբանութեանն, եթէ ոչ քակտի ի սրբոցն հաւանութենէ, ոչ իշխեաց ձեռն արկանել ի նա, թէպէտ եւ ունէր հրաման յարքունուստ: Այլ փութացաւ, եւ ինքն երթեալ պատմէր թագաւորին ի ծածուկ զամենայն որպէս զիարդ լուաւ ի նմանէ:

Ետ պատասխանի թագաւորն եւ ասէ ցԴենշապուհ. «Մի՛ ոք ամենեւին լուիցէ զայդ ի քէն, մանաւանդ վասն տեսլեանն մեծի, որ երեւեալ է նմա, զի մի՛ տգէտ մարդիկ երկմտեալ՝ բաժանեսցին ի մեր հաստատուն աւրինացս: Մինչ մեք զայլս կամէաք հնազանդեցուցանել՝ թերեւս զոգիս գտցեն, իբրեւ նոցա ոչ ինչ կարացաք առնել, մեր որ վարդապետ աւրինացդ էին, զկնի նոցա մոլորութեանն խոտորեցան:

Նա եւ այն եւս չար է մեզ քան զամենայն, զի ոչ դուզնաքեայ ոք խոտորեցաւ ի նոցա աւրէնսն, այլ այր մի համակդեն, երեւելի ընդ ամենայն Վերին աշխարհս: Եթէ փայքարիմք ընդ նմա, նա տեղեկագոյն է քան զամենայն վարդապետս աշխարհիս. գուցէ ի հիմանէ խարխարեալ աւերէ զաւրէնս մեր: Եւ եթէ դատիմք զնա ընդ այլ չարագործսն, նա եւ այնպէս հռչակեալ ելանէ համբաւ քրիստոնէութեան նորա, եւ մեծ անարգանք զկնի դենիս ձգին: Եւ եթէ սրով եւս վախճանեսցի, բազում են քրիստոնեայք ի կարաւանիս, ընդ ամենայն երկիր ցանեալ ցրուեսցեն զոսկերս նորա: Սակաւիկ ինչ էին մեզ անարգանք առ ամենայն մարդիկս, ուր մեծարեալ պատուէին ոսկերք նածրացւոցդ. իսկ եթէ մոգացդ եւ մոգպետացդ զնոյն պատիւ կրեսցեն, մեք մեզէն լինիմք քակտիչք աւրինացն մերոց:

When [Denshapur] heard everything from [the mogbed] and confirmed his union with the saints, and that he would not be able to dissolve his allegiance to them, he did not dare to lay a hand on him despite having royal authorization to do so. Instead, he hurried and went himself and secretly told the king of everything he had heard from him.

The king replied and said to Denshapur: "Let no one hear about this from you, especially about the great vision that appeared to him, so that those who are ignorant do not doubt and break away from our established religion. Although we desired to submit others, that perhaps they would come to their senses, it was when we failed to do so that the teachers of our own religion swerved after their aberration.

"But worst of all for us is that it was not some irrelevant man who defected to their religion, but a hamakden, renowned throughout Verin Ashkharh.[24] If we argue with him, perhaps he will destroy our religion by loosening its very foundations, for he is more knowledgeable than all the teachers in our land. And should we put him to trial along with the other criminals, the renown of his Christianity will be trumpeted and our religion will be left in great dishonor. And should he die by the sword, the many Christians in our caravan will spread and scatter his bones throughout the whole land. We were somewhat discredited by the inhabitants of those places where the bones of the Nazarenes were honored; yet if the magi and mogbeds were to bear the same honor, we ourselves will be responsible for having destroyed our own religion.

---

24 *Verin Ashkharh:* "Upper Land".

Այլ այժմ իմ է քեզ երդումն տուեալ յանմահ դիսն. նախ զդառնացեալ ծերն կոչեա առաջի քո. եթէ հաւանեսցի սիրով, եւ զղջացեալ ապաշաւեսցէ զկախարդութիւնս նոցա, մեծարեսջիր զնա պատուով ըստ առաջին կարգին, եւ մի՛ ոք գիտասցէ զթշնամանս նորա ամենեւին: Ապա թէ ոչ հաւանեսցի եւ ոչ կամեսցի անսալ բանից քոց, յարուսջիր ի վերայ նորա բազում ամբաստանս յաշխարհէ անտի, զի վնասակար գտցի յիրս արքունի. եւ աշխարհաւ փուրսիշն ի վերայ յարուսջիր, եւ շկաւթակ արասջիր յայնկոյս քան զԿուրան եւ զՄակուրան. եւ անդ ընկեցեալ զնա ի վիրապ մի, եւ ընկալցի զմահ թշուառութեան: Եւ զայլադենսն փութանակի կարճեա ի կենաց աշխարհիս, զի մի՛ դղրդեսցեն զաւրէնս մերոյ աշխարհիս: Զի եթէ զճարտար մոգպետն այնպէս արագ աշակերտեցին, տգէտ մարդիկ զիա՞րդ կարասցեն կալ առաջի նոցա պատիր խաբէութեանն»:

Արդ եւ նստաւ Դենշապուհ արտաքոյ բանակին յատենի, որպէս ասացաք, հեռի երկոտասան հրասախաւ: Հարցանէր ցմոգպետն եւ ասէր. «Իշխանութիւն առի վասն քո՝ ո՛չ միայն բանիւ հարցանել, այլ եւ ամենայն հարուածովք տանջանաց: Մինչչեւ ձեռնարկեալ է իմ ի քեզ, ընկալ զմեծարանս եւ արհամարհեա զանարգանս, եւ խնայեա ի պատուական ալիսդ: Թող անդր ի բաց զքրիստոնէութիւնդ՝ զոր ոչ ունէիր ի բնէ, եւ դարձիր անդրէն ի մոգութիւնն, որպէս զի վարդապետ իսկ էիր բազմաց»:

"Now it is my duty to have you swear upon the immortal gods. First, summon the bitter old man to you. If he gladly consents to repent for that sorcery of theirs, honorably praise him according to his prior rank, and do not let anyone know a thing about his offenses. However, if he does not consent and does not wish to obey your words, then raise many accusations against him from that land so that he be found harmful to the affairs of the royal, interrogate him in public, exile him to the other side of Kuran and Makran, throw him into a dungeon and let him suffer a miserable death. Then hasten to cut short the lives of the adherents of the other religions throughout the land lest they disturb the customs of our country. For if they succeeded in quickly making the clever mogbed their disciple, how shall ignorant people be able to withstand their enticing trickery?"

Then Denshapur left the camp to preside over the tribunal, as we said, 12 parasangs away. He interrogated the mogbed and said: "I have taken authority for your sake, not only to interrogate you verbally, but with the full force of corporal punishment. Before I undertake to do this to you, accept your honors, scorn your shameful acts, and spare yourself in your honorable old age. Set aside your Christianity, which you did not have by nature, and return to Magianism, of which you were a teacher to many."

Ետ պատասխանի երանելին եւ ասէ. «Աղաչեմ զքեզ, տէր, որ յառաջ իբրեւ զհարազատ եղբայր համարեալ էիր յաչս իմ, եւ այսաւր թշնամի կատարեալ, մի՛ ըստ առաջին սիրոյն գթար դու յիս, այլ կատարեա ի վերայ իմ զկամս չարութեան թագաւորին ձերոյ. եւ որպէս առեր իշխանութիւն ի վերայ իմ՝ դատեա զիս»:

Յայնժամ իբրեւ ետես Դենշապուհ, եթէ առ ոչինչ զսպառնալիսն արքունի համարեցաւ, եւ ոչ ողոքանացն երեսս ինչ արար, եւ քան ի ծածուկ՝ յայտնի եւս կամէր զի խաւսեսցի, կատարեաց ի վերայ նորա ըստ խրատուն արքունի: Եւ գաղտագողի ընկեցաւ ի հեռաւոր աւտարութիւն. որպէս զհարդ եւ ուսաւ ի վարդապետէն, եւ արար:

Եւ հրամայեաց եւս Դենշապհոյ երկուս եւս ընկերակիցս ազնականս յաւագ գործակալացն. զՋնիկանն, որ էր մարզպետ արքունի, եւ զՄովան հանդերձապետ՝ ի ձեռանէ Մովպետան մովպետի:

Արդ երեքեան սոքա իւրաքանչիւր սպասաւորաւք առին զսուրբսն յայնմ անապատէ, եւ փոխեցան նոյնչափ եւս հեռագոյն ի մեւս եւս դժնդակ տեղի ի նմին գիշերի: Եւ զոք ի կարաւանէ անտի ոչ թողին տեսանել, ո՛չ ի Հայոց եւ ո՛չ յամենայն քրիստոնէից, եւ ո՛չ բնաւ յարտաքին հեթանոսաց: Եւ սպասաւորքն, որ էին ի վերայ կապելոցն անդէն ի քաղաքին, հրամայեցին պահել զգուշութեամբ, զի զհետս նոցա մի՛ ոք գիտասցէ՝ ընդ որ տանիցեն ի մահու տեղի, մի՛ նոքա եւ մի՛ ամենեւին ոք ի մարդկանէ:

The venerable man replied and said: "My lord, I used to consider you as a blood brother, but I see you today as an utter enemy. Please, do not pity me on account of our former friendship; instead, fulfill the wicked will of your king and put me to trial by the authority that you have assumed."

When Denshapur saw that they did not care about the king's threats or show respect to his lures, and that they wanted to speak not secretly but openly, he carried out the king's advice and covertly sent them to a faraway foreign land, as he had learned from his teacher.

[The king] also ordered Denshapur to take two associates from among his seniors as friendly helpers: Jnikan, a royal marzpet, and Movan, *handerdzabed* of the high priest of the kingdom.

Now these three, along with each of their servants, took the saints from the wilderness and moved them to another cruel place just as far away in the same night; and no one from the caravan there was allowed to see them—neither the Armenians, nor any of the Christians, nor any of the foreign peoples. The guards who were overseeing the prisoners in the city ordered them to be kept carefully so that no one found out about the trail with which they would be led to the place of their deaths—not them nor anyone else.

Բայց այր մի խուժիկ ի զաւրացն արքունի, որ ի ծածուկ ունէր զքրիստոնէութիւնն, եւ վիճակեալ էր ի դասս դահճացն, եւ կայր ի սպասու աւրապահացն հանդերձ գործիական տանջանարանաւքն, եկն եմուտ ի մէջ գիշերին եւ խառնեցաւ ի դասս նախարարացն: Առաջին դասն ի միջնոյն կարծէր զնա, եւ միջինն երրորդին, եւ երեքեանն միմեանց համարէին զնա. եւ ոչ ոք ի նոցանէ եհարց՝ եթէ «Դու ո՞վ ես ընդ մեզ», ո՛չ ի տերանցն եւ ո՛չ ի սպասաւորացն:

Իբրեւ հասին ի տեղի անապատին, որ ամենեւին անբոյս էր ի դալարւոյ, եւ այնպէս էր ապառաժ դժնեա, զի եւ ոչ նստելոյ անգամ տեղի գտաւ անդ նոցա, իջին հեռագոյն նախարարքն երեքեան, եւ հրամայեցին դահճացն իւրեանց կապել զոտս եւ զձեռս նոցա: Եւ արկին պարանս երկայնս յոտս նոցա, եւ երկու երկու լծեցան եւ առին ի քարշ: Եւ այնպէս ձգեցին եւ ճողքեցին ընդ ապառաժ տեղիսն քարշելով, զի ամենեւին խայծ ոչ մնացի մարմինս երանելեացն: Եւ ապա լուծին եւ ածին ի մի տեղի:

Եւ թուէր իմն նոցա այսպէս, եթէ կակղեցաք զխրստութիւն նոցա, եւ հնազանդեցուցաք զբիրտ ապստամբութիւն նոցա. եւ արդ զինչ եւ խաւսիցիմք, անսայցեն բանից մերոց, եւ առնիցեն զկամս թագաւորին, եւ ապրեալ լիցին յանհնարին տանջանացն: Եւ զայն ոչ կարացին քաջ իմանալ, եթէ իբրեւ զքաջ զինուորս վառեցին զնոսա, եւ ի հըրահանգս կրթութեան վարժեցին զնոսա, եւ իբրեւ զգազանս վայրենիս արհնախանձս ուսուցին զնոսա: Եւ եթէ ունէին սակաւ ինչ կասկած յառաջագոյն, հայեցեալ նոցա ի չարաչար վէրս մարմնոց իւրեանց՝ զառաջին երկեւղն ի բաց մերժեցին: Սկսաւ իբրեւ արբեալք անզգայք զմիմեամբք ելանել ի բանից պատասխանիս, եւ փութային իբր ծարաւիք յաղբեւր, եթէ ո՛ նախ վաղ զիւր արիւնն հեղցէ յերկիր:

But a Khuzhik man from among the king's forces, who was secretly a Christian and an appointed officer who was assisting the watchmen to prepare the tools of torture, entered in the middle of the night and joined the ranks of the nakharars. The first group thought that he was in the middle [group], the middle [group thought that he was] in the third [group], and each group thought that he was from one of the others. No one from among them asked "Who are you among us?", neither lords nor servants.

When they arrived at a deserted place that was completely without growth of vegetation, and was so painfully rugged that they could not even find a place for [the prisoners] to sit there, the three chiefs went down, further away, and ordered their tormentors to tie the prisoners' feet and hands. They tied long ropes to their feet, yoked one to another and dragged them. They dragged them over the rocks there, tearing them to pieces so badly that so much as a piece of flesh did not remain on their blessed bodies. Then they were brought together to one place.

It seemed to the chiefs that 'we have softened their intransigence and subdued their rude sedition; now, whatever we say, they will obey our words, carry out the will of the king, and survive these grievous torments.' But what they could not grasp was that they had inflamed [the prisoners] like valiant soldiers, and trained them with educational discipline and taught them to be like blood-thirsty, savage brutes, so that if they had previously harbored any doubts, they now repulsed their former fears when they looked upon the severe wounds on their bodies. Then, like insensible drunkards, [the prisoners] began speaking over one another and hurrying like thirsters to a fountain, as to who shall be the first to pour his blood upon the earth.

Եւ մինչդեռ յայսմ պատրաստութեան էին սուրբքն, խաւսել սկսաւ ընդ նոսա Դենշապուհ եւ ասէ. «Արքայ յղեաց զիս առ ձեզ. ամենայն աւեր աշխարհին Հայոց, ասէ, եւ կոտորածք զաւրացն՝ որ հասին ի վերայ, ի ձէնջ եղեն վնասքն ամենայն. եւ բազում նախարարք, որ այժմ կան կապանաւք չարչարեալ, վասն ձերոյ յամառութեանդ եղեւ այդ ամենայն: Այլ եւ արդ եթէ կամիք ինձ լսել՝ ասեմ ձեզ. որպէս եղերուք պատճառք ամենայն չարչարանաց մահուն, այսաւր լերուք պատճառք կենաց ձերոց: Եւ նախարարքն՝ որ կան ի կապանս, ի ձեռն ձեր է իշխանութիւն արձակել զնոսա. եւ աւեր աշխարհին ձերոյ ձեւք շինի, եւ բազումք որ վարեալ են ի գերութիւն, անդրէն դառնան:

«Ահա դուք ձերոյին աչաւքդ տեսէք այսաւր, եթէ զորպիսի՛ այր տոհմիկ, զոր թագաւորն ինքնին յականէ յանուանէ ճանաչէր վասն մեծի գիտութեան աւրինացս մերոց, եւ կատարեալ էր յամենայն ի դենիս եւ ամենայն մեծամեծաց սիրելի, եւ գրեթէ բոլոր աշխարհս կախեալ էր զնմանէ, եւ վասն զի անարգեաց զդենի մազդեզն, եւ պատրեցաւ ի ձեր տխմար գիտութիւնդ, ոչ ինչ խնայեաց թագաւորն ի մեծ պատիւ նորա, այլ իբրեւ զգերի մի զանաշխարհիկ շկաւթակ արարի զնա յայնչափ աւտարութիւն հեռաւոր, զի ընդ երթալն իսկ ոչ ժամանէ ի տեղի պատուհասին իւրոյ:

While the holy ones were in this preparation, Denshapur began speaking with them and said: "The king sent me to you; he attributes all the desolation of Armenia and the destruction of the army that has befallen it to you. Likewise, the many nakharars now imprisoned are suffering because of your stubbornness. However, if you will listen to me, I say to you: Just as you have all been a cause of the suffering of death, today be the reason that you all live. The nakharars who are imprisoned are in your power to release, the desolation of the country will be repaired through you, and the many who have been taken into captivity shall return again.

"You have seen with your own eyes today how such a man of nobility, whom the king himself knew personally on account of his great knowledge of our rites, and was more accomplished in our religion than anyone else, more loved than all the grandees, and whom almost the entire country was dependent upon—yet scorned the Mazdaean religion and was deceived by your idiotic doctrine—was not spared by the king in spite of his great honor. In fact, I exiled him like an alien captive to a foreign land so far away that he will not even arrive at his place of punishment.

«Արդ եթէ ի բուն դայեկութիւնն վասն պատուական աւրինացն ոչ խնայեաց ի նա, ո՛րչափ եւս առաւել ի ձեզ յաւտարաշխարհիկսդ, որ մահապարտ իսկ էք յիրս արքունի: Եւ չիք ինչ ձեզ այլ հնար կենաց, բայց եթէ երկիր պագանիցէք արեգական, եւ կատարիցէք զկամս թագաւորին, որպէս եւ ուսոյց զմեզ մեծն Զրադեշտն: Եւ եթէ զայդ առնէք, ոչ միայն արձակիք ի կապանացդ եւ ապրիք ի մահուանէ, այլ եւ մեծամեծ պարգեւաւք յուղարկիք յաշխարհն ձեր»:

Յառաջ մատեաւ Ղեւոնդ երէց եւ թարգման կացոյց զՍահակ եպիսկոպոս. «Զիա՞րդ լուիցուք, ասէ, երկդիմի հրամանացդ քոց. ահա զերկրպագութիւնդ նախ ետուր արեգական, եւ զկատարումն երկրպագութեան ի կամս թագաւորին ձգեցեր. մեծարեցեր զարեգակն՝ յառաջ ձայնելով զանուն նորա, եւ մեծացուցեր զթագաւորն աւելի քան զարեգակն. եւ յայտարարեր՝ եթէ առանց կամաց իւրոց սպասաւորէ արեգակնն արարածոց, իսկ թագաւորն ի կամս ազատութեանն իւրոյ՝ զոր կամի աստուածացուցանէ, եւ զոր կամի ծառայեցուցանէ. եւ ինքն ի ճշմարտութեանն վերայ չեւ է հասեալ: Մի՛ խաւսիր ընդ մեզ իբրեւ ընդ տղայս, զի հասակաւ կատարեալ եմք, եւ գիտութեան ոչ եմք անտեղեակ: Ուստի սկսար դու, այտի տաց քեզ պատասխանի:

"Now if [the king] did not spare one under his own natural *dayeakutyun* on account of our excellent religion, how much more unwilling would he be to spare you foreigners, who have been convicted by the king. There is no other way for you to survive but to worship the sun and fulfil the king's will as the great Zoroaster taught us. If you do that, not only will you be released from imprisonment and survive death, you will also be sent back to your country with great gifts."

The presbyter Ghevond came forth with Bishop Sahak as his interpreter and asked: "How can we heed your two-faced commands? First, you worship the sun, but then you leave the fulfilment of worship to the king's will. You honored the sun by proclaiming its name, then you magnified the king even more than the sun; you thus declared that the sun serves its creatures unwillingly, while the king, by virtue of his own free will, can deify whomever he wants and subject whomever he wants. However, he has not settled upon the truth. Do not speak to us as though we were children, for we are grown men and are not wanting in knowledge. Therefore, I will respond to you in turn from where you began.

Ապաքէն զմեզ եդիր պատճառս աւերածոյ աշխարհին մերոյ եւ հարուածոց զաւրացն արքունի. մեր աւրէնքն զմեզ այդպէս ոչ ուսուցանեն, այլ յոյժ պատուել հրամայեն զերկրաւոր թագաւորս, եւ սիրել զնոսա յամենայն զաւրութենէ մերմէ, ոչ իբրեւ զմարդ որ դուզնաքեայ ի մարդկանէ, այլ իբրեւ Աստուծոյ ճշմարտի կալ ի ծառայութեան. եւ եթէ զրկիմք ինչ ի նոցանէ, փոխանակ ընդ երկրաւորիս զերկնիցն խոստացաւ մեզ զարքայութիւն: Եւ ոչ միայն զարքանեկութիւն հպատակութեան պարտիմք հատուցանել նոցա, այլ եւ մահու չափ զանձինս ի վերայ դնել սիրոյ թագաւորին: Եւ որպէս յերկրի ոչ ունիմք իշխանութիւն փոխանակել զնա ընդ այլում տեառն, նոյնպէս եւ յերկինս չունիմք իշխանութիւն փոխանակել զճշմարիտ Աստուածն մեր ընդ այլում, որ չիք Աստուած բայց ի նմանէ:

Բայց ասեմ քեզ՝ որում սակաւիկ մի տեղեկագոյն ես: Ո՞վ ի քաջ զաւրականէն զկնի մտանիցէ ի պատերազմ. եւ եթէ զայս արասցէ, ոչ քաջ անուանի նա, այլ յոյժ վատ: Եւ կամ ո՞ յիմաստուն վաճառականաց զպատուական մարգարիտն փոխանակիցէ ընդ անարգ թրուշայի, բայց եթէ յիմարեալ իցէ տգիտութեամբ, որպէս եւ ձեր մոլորութեան առաջնորդքդ:

"You attributed to us the cause of the ruin of our own country and the inflictions upon the royal forces. Our religion does not teach us to do such things; instead, it commands us to honor our earthly king and to love him with all our might, not as some insignificant man, but to serve him as truly as we serve God. And should we be deprived of anything from the king, God has promised us the kingdom of heaven in place of the one on earth. We are not only bound to render our subservience and obedience to the king, but even to lay down our lives out of love for him. And just as we have no authority on earth to exchange him for another ruler, so too we have no authority in heaven to replace the true God with another, for there is no God but Him.

"But let me tell you something of which you are hardly informed: What sort of a valiant commander would enter into battle from the back ranks? Whoever did that would not be called valiant, but very cowardly. Or what sort of a wise merchant would exchange a precious pearl for a worthless trinket, unless he has gone mad, like your aberrant leaders?

Միայն գտեր զմեզ ի բազում յառաքինեացն մերոց, եւ կամիս գողութեամբ աւերել զամուրս խորհրդոց մերոց. չեմք մեք միայն՝ որպէս եւ դուդ կարծես. չիք տեղի ունայն, ուր չիցէ Քրիստոս թագաւորն մեր. բայց միայն այնոքիկ են թափուր ի նմանէ, որ իբրեւ զքեզ եւ զչարադեւ իշխանն քո, որք ուրացեալ էք ի նմանէ: Զի եթէ զինուորք աշխարհին մերոյ, որ աշակերտեալքն էին մեւք ի Քրիստոս, առ ոտն հարին զահագին հրամանս թագաւորին ձերոյ, եւ զմեծամեծ պարգեւս նորա առ ոչինչ համարեցան, եւ զհայրենի տէրութիւնն ի բաց կողոպտեցան, չխնայեցին ի կին եւ յորդիս եւ ի զանձս մարմնաւորս կենաց աշխարհիս: Նա եւ ոչ զարիւնն իւրեանց աժէին ինչ զմտաւ վասն սիրոյն Քրիստոսի, այլ զերկրպագուս արեգականն, որ ձեր վարդապետք էին, չարաչար հարուածովք սատակեցին զնոսա, եւ մեծամեծ չարիս հասուցին ի վերայ զաւրացն ձերոց, եւ բազումք ի նոցանէ անկանէին ի նմին պատերազմի, եւ այլք մատնեցան ի պէս պէս փորձութիւնս, եւ կէսքն ընկեցան ի հեռաւոր աւտարութիւն, եւ եւս բազմագոյնք վարեցան ի գերութիւն: Եւ ամենեքին նոքա յառաջեցին քան զմեզ յարքայութիւնն Աստուծոյ, եւ խառնեալ են ի գունդս վերին հրեշտակացն, եւ ցնծան ի պատրաստեալ յուրախութիւնս, յոր հասեալ խառնեցաւ երանելի այրն, զոր դու ասես շկաւթակ արարի: Երանի տամ նմա, եւ երանի երկրին՝ ընդ որն այն անցանիցէ, եւ տեղւոյն՝ ուր նայն վախճանեցի. ոչ միայն զարքունեաւք ձերովք անցանէ պատուականութեամբ, այլ եւ զերկնից լուսաւորաւքդ, որում դուքդ երկիրպագանէք»:

"You have only detected us among our many virtuous ones and you wish to ruin us by robbing us of our convictions; but despite what you think we are not the only ones. There is no empty place where Christ our king is not present; only they are devoid of him who, like you and that demonic ruler of yours, have denied him. For the soldiers of our country, who were made disciples of Christ through us, trampled upon the grievous commands of your king, considered his great gifts as nothing, and were robbed of their ancestral dominion, yet did not spare their wives, children or their material treasures. And they did not even think of their blood out of their love of Christ; but the sun-worshippers, who were your teachers, slaughtered them with severe blows and inflicted great troubles upon them so that many of them fell in that battle, while others were given over to various adversities, yet others were cast away to faraway lands abroad, and many others were taken into captivity. All of them preceded us to the kingdom of God, have joined the hosts of the angels above and are rejoicing in the happiness that they had prepared for, which was attained by the blessed man of whom you say you have exiled. I consider him blessed, and blessed the country through which he will pass and the place where he will die. Not only does he surpass the excellency of your king, but also the heavenly luminary bodies that you worship."

Եւ պատասխանի Մովան անդերձապետ եւ ասէ ցնոսա. «Աստուածքն բարերար են, եւ երկայնմտութեամբ ջանան ընդ ազգի մարդկան, զի գիտասցեն եւ ծանիցեն զիւրեանց փոքրկութիւնն եւ զնոցա մեծութիւն, եւ վայելեսցեն ի պարգեւս աշխարհիս, զոր տուեալ է յիշխանութիւն ի ձեռս թագաւորի, եւ ի բերանոյ նոցա ելանեն հրաման մահու եւ կենաց: Եւ ձեզ ոչ է այդպէս իշխանութիւն ընդդիմանալ կամաց նոցա եւ ոչ առնուլ յանձն զերկրպագութիւն արեգական, որ ճառագայթիւք իւրովք լուսաւորէ զամենայն տիեզերս, եւ ջերմութեամբ իւրով հասուցանէ զկերակուր մարդկան եւ անասնոց. եւ վասն հասարակաբաշխ առատութեանն եւ անաչառ մատակարարութեանն անուանեցաւ Միհրաստուած, զի չիք ի նմա նենգութիւն եւ անիմաստութիւն: Վասն որոյ եւ մեք երկայնամիտ լինիմք ի վերայ տգիտութեան ձերոյ. քանզի չեմք մարդատեացք իբրեւ զգազանս շաղղակերս եւ արիւնարբուս: Խնայեցէք յանձինս ձեր, եւ մի՛ խառնէք զմեզ ակամայ յարիւնդ ձեր: Թողէք անդր զառաջին յանցանս ձեր, եւ զառաջիկայ իրս ուղղեցէք, զի եւ այլոցն վասն ձեր լիցի ողորմութիւն ի մեծ թագաւորէն»:

Առ այս ետ պատասխանի Սահակ եպիսկոպոս եւ ասէ. «Իբրեւ ուսեալ եւ յոյժ խրատեալ՝ զգեղեցիկ հոգ յանձին ունիս շինութեան աշխարհի եւ փառաց թագաւորին. բայց

Movan, the *andarzbad*, responded and said to them: "The gods are beneficent and patiently strive in the interest of humanity, so that humans come to recognize their own littleness and the gods' greatness, and bask in the gifts of this world, which were ordained by their authority to the king, and from whose mouths life and death are commanded. It is not for you to exercise such authority to oppose their will and dissent from worshipping the sun, which with its rays illuminates the whole universe, and with its warmth brings food to men and animals. It is because of the abundance with which it distributes to all and because of its impartial dispensation to all that it was called *Mihrastvats*,[25] for in him there is no deceit or lack of wisdom. That's why we suffer your ignorance; because we are not misanthropic like carnivorous and bloodthirsty beasts. Save yourselves and do not adulterate us with your blood against our will. Forsake your old wicked ways and straighten your course, that others find the mercy of the great king on your account."

To this bishop Sahak responded and said: "As a learned and very well-instructed man, you have an elegant concern for the edification of the country and the glory of the king,

---

25 *Mihrastvats:* Lit. "Mihr (Mithra) God".

զայս կարի տգիտաբար ուսուցանես, զի աստուածս բազում խոստովանիս եւ զմի կամս ոչ ասես ամենեցուն: Եթէ վեհքն առ միմեանս մարտուցեալ են, մեք խոնարհագոյնք քան զնոսա զիա՞րդ կարասցուք հաւանել բանից քոց: Միաբանեա զջուր եւ զկրակ, զի ուսցուք ի նոցանէ զխաղաղութիւն. կոչեա զարեգակն ի տուն որպէս կրակ, եւ եթէ նմա ոչ մարթի գալ՝ զի մի՛ աշխարհ ի խաւարի մնասցէ յղեա զդա առ նա, զի ուսցի ի նմանէ զանկարաւտութիւնն:

«Եւ եթէ մի է բնութիւն աստուծոցն քոց, հաւասարեսցեն առ միմեանս զուգութեամբ. լիցի անկերակուր կրակ իբրեւ զարեգակն, եւ մի ՛ խափանեսցին ծառայքն արքունի ի ծախս ռոճկաց սորա: Արդ մինդ անյագ ուտէ, եւ հանապազ մեռանի. եւ մինն որ չուտէ, առանց աւդոյն նուազի լոյս ճառագայթից իւրոց. ցրտանայ ձմերայնի, եւ սառուցանէ զամենայն բոյսս դալար խոտոյ. տաւթանայ ամարայնի, եւ հրակէզ առնէ զամենայն կենդանիս: Եւ որ ինքն յար ի փոփոխման կայ, ոչ կարէ հաստատուն կեանս ումեք շնորհել: Եւ քեզ ոչ կարեմ մեղադիր լինել. որոյ ոչ տեսեալ է զմեծ թագաւորն, պատուաւորացն մատուցանէ զերկրպագութիւն. իսկ եթէ ոք զայս ի հմուտ գիտնոցն արասցէ, վաղվաղակի մահ ի վերայ հրամայեն: Այլ վասն արեգական, եթէ կամիցիս ուսանել, զճշմարիտն ասացից քեզ: Մասն է նա աշխարհիս արարածոց, ի բազում մասանց մի մասն որոշեալ է. կէսքն ի վերոյ են քան զնա, եւ կէսքն ի ներքոյ նորա: Ոչ է նա առանձին սուրբ յստակ լուսով, այլ ի ձեռն աւդոյն հրամանաւն Աստուծոյ տարածանէ զճառագայթս իւր, եւ հրային մասամբ ջեռուցանէ զամենայն գոյացեալս ի ներքոյ իւրոյ կայանին:

but your teaching on this is ignorant, for you attest that there are many gods but you do not attribute one will to them all. When the gods are in conflict with one another, how can we who are weaker than them comply with your words? Conform water and fire, if you can, that we learn from them peace; bring the sun into a house, as with fire, if you can—and if it cannot come, lest the world remain in darkness, send the world to the sun so that it learns from it to be self-sufficient.

"If the nature of your gods is one, then they should become equal in partnership. Let the fire require no fuel like the sun, and the royal servants not have their salaries cut. One devours insatiably and dies every day; the other, which does not eat, diminishes its beams of light without air—in the winter it gets cold, and all the plants freeze; in the summer it swelters and scorches all the animals. That which is subject to flux cannot firmly grant life to anyone. I cannot blame you, for he who has never seen the great king offers worship to his dignitaries; but were an erudite and learned man to do this, they would immediately sentence him to death. But regarding the sun, if you wish to learn, I will tell you the truth: It is a part of the world's creations and a distinct part of many—some of which are above it, and some below. It is not itself clear with light, but by God's command it spreads its rays through the air, and with its fiery part it warms all creatures that are below it.

Իսկ վերինքն ոչ ինչ մասն ունին ի նորա ճառագայթիցն. քանզի իբրեւ յաման ինչ արկեալ է զլոյսն ի գունդ նորա, եւ ի վայր կոյս հեղու բերանացեալ՝ առ ի պէտս ներքնոցս վայելչութեան: Եւ զոր աւրինակ նաւ մի թռուցեալ ի վերայ ծովային ջուրցն բազմութեան, անգիտութեամբ գնայ զուղեւորութիւնն ի ձեռն հմուտ եւ ճարտար նաւապետին, այսպէս եւ արեգակն ի ձեռն կառավարին իւրոյ ունի զփոփոխմունս շրջանին իւրոյ տարեւոր ժամանակին:

«Եւ որպէս այլ մասունք աշխարհիս հաստատեալ են վասն մեր կենաց, եւ զնա իբրեւ զմի յայլոց մասանց տուեալ է մեզ յառաջնորդութիւն լուսոյ, որպէս զլուսին եւ զաստեղս եւ զաւդս յարածուփս եւ զամպս անձրեւաբերս. նոյնպէս եւ յերկրիս մասանց զծով եւ զգետս եւ զաղբեւրս եւ զամենայն պիտանացու ջուրս, նոյնպէս եւ զցամաքայինս ամենայն պիտոյիւք իւրովք: Աստուած եւ զմի ոք ի սոցանէ չէ արժան անուանել. եւ եթէ ժպրհիցի ոք ասել, զանձն տգիտաբար կորուսանէ, եւ աստուած անունն մեծարելով զնոսա՝ նոքա ոչ ինչ աւգտեցան: Միոյ իշխանութեան երկու թագաւորք ոչ լինին. եւ եթէ մարդ զայդ քեզ յանձն ոչ առնու, քանի՛ եւս հեռի է յԱստուծոյ բնութենէն այդպիսի կարգ շփոթեալ:

«Արդ եթէ կամիս ուսանել զճշմարիտն, քաղցրացո զդառնութիւն սրտիդ, եւ բաց զաչս մտացդ, եւ մի՛ յարթնութեան կուրութեամբ ընդ խաւար գնար, որ անկեալ ես ի խորխորատ, եւ զամենեսեան կամիս առ քեզ ձգել:

Yet those above it do not receive any part of its rays, because the light is emitted in its sphere, as though in a vessel, and pours downward from its lip for the want and splendor of those beneath. For example, just as a boat glides over the enormous waters of the sea, unconsciously following the course dictated by its proficient and skillful captain, so does the sun, dictated by its conductor, change course in its annual cycle.

"And as the other parts of our world are established for the sake of our lives, so too is the sun supplied as another part to bring forth light, and like the moon, the stars, the air in flux and the rain-bearing clouds, so too are the sea, rivers, springs and other necessary bodies of water, like all earthly things and their requisites, a part of the earth. None of these ought to be called god—should anyone venture to do so, he will destroy his own soul through ignorance without profiting himself whatsoever. No kingdom can have two kings[26]—and if man would not grant that, how much farther is it from God's nature to confuse such order.

"Now if you wish to learn the truth, then sweeten the bitterness of your heart—you, who have fallen into an abyss and wish to take everyone down with you: open the eyes of your mind and do not walk blindly through the dark in wakefulness.

---

26 Cf. Luke 16:13.

Եւ եթէ քոյրքն զան զկնի մոլար վարդապետութեանդ ՝ որ ոչ տե-սանեն եւ ոչ իմանան, մի՛ եւ զմեզ կարծեր դոյն աւրինակ. քանզի բաց են աչք մտաց մերոց եւ սրատեսիլ եմք: Մարմը-նոյս աչաւք զարարածս տեսանեմք, եւ իմանամք զսա յայլմէ արարեալ. եւ ամենեքեան են ընդ ապականութեամբ: Իսկ Արարիչն ամենեցուն աներեւոյթ է ի մարմնաւոր աչաց, այլ մտաց իմանի զաւրութիւն նորա:

«Եւ վասն զի ետես զմեզ ի մեծի տգիտութեան, եւ ո-ղորմեցաւ մերում անուսումնութեանն, յորում եւ մեք իբրեւ զձեզդ երբեմն զերեւելիսս կարծէաք արարիչ եւ գործէաք զամենայն անառակութիւնս, վասն այնորիկ առ սէր իւր եկն մարմնացաւ ի մարդկանէ, եւ ուսոյց մեզ զաներեւոյթ Աստուածութիւնն իւր: Այն զի բարձրացոյց զինքն ի խաչն կախաղանի, եւ զի մարդիկ զհետ լուսաւորացդ մոլորեցան, մերկեաց յարեգակնէ զլոյս ճառագայթիցն իւրոց, զի եղի-ցի խաւար սպասաւոր մարդկութեան նորա. զի որ իբրեւ զձեզ անարժանք իցեն, մի՛ տեսցեն զկեանս իւրեանց ի մեծի անարգութեան: Որպէս եւ այսաւր, որ ոչ խոստովա-նի զխաչեալն Աստուած, նոյն խաւար մածեալ է զոգւով եւ մարմնով նորա. որպէս եւ դու իսկ այսաւր ի նմին խա-ւարի կաս, եւ զմեզ դեռ եւս չարչարես: Պատրաստ եմք ըստ աւրինակի Տեառն մերոյ մեռանել. որպէս զիարդ եւ կամի՝ կատարեա զկամս դառնութեան քո»:

And if your people follow your errant teaching, which they neither see nor understand, do not think we will do the same, for the eyes of our mind are open and our vision is sharp. With the eyes of our body we see and recognize this world as created by another, and that all creatures are corruptible. The Creator is invisible to those with physical eyes; His power can only be comprehended with the mind.

"For He saw us in great ignorance and pitied our lack of learning, and we, like you, once considered what we could see as the Creator and engaged in all kinds of debauchery, which is why he assumed human nature out of His love and taught us of His invisible divine nature. He exalted himself upon the gallows of the cross because people had gone astray after the luminaries; he stripped the sun of the light of its rays to make darkness serve His humanity, so that those who were unworthy like you do not see the great disgrace of their lives. Today, too, the same darkness encompasses the bodies and souls of those who do not confess the crucified God; just as you remain in the same darkness now and continue to torment us. We are prepared to die according to the example of our Lord, so effect your bitter will however you want."

Յայնժամ իբրեւ հայեցաւ ի նոսա անաւրէնն Դենշապուհ, եւ ետես ի մեծի ուրախութեան զուարթագին զամենեսեան, գիտաց եթէ ոչ գնան առ նոսա բանք սպառնալեաց եւ ողոքանաց: Հրամայեաց զմի ոմն ի կրտսերագունիցն յառաջ մատուցանել, երէց մի Արշէն անուն, վասն որոյ յառաջ կասկածն իսկ եղեւ սրբոցն: Կապեցին զոտսն եւ զձեռսն, եւ մեծաւ ուժով պրկեցին, մինչեւ ճարճատիւն հատաւ ամենայն ջղացն. եւ այնպէս կայր ցմեծ ժամս յանհնարին պրկոցսն:

Եբաց սուրբն զբերան իւր եւ ասէ. «Ահա շրջեցան զինեւ շունք բազումք, եւ ժողովք չարաց պաշարեցին զիս. ծակեցին զոտս իմ եւ զձեռս իմ, եւ փոխանակ բերանոյ իմոյ աղաղակեցին ամենայն ոսկերք իմ: Լո՛ւր ինձ, Տէր, եւ լո՛ւր ձայնի իմում, եւ ընկալ զոգի իմ ի ժողովս սուրբ զաւրականին քո, որ երեւեցաւ նորակերտ դաստակերտին քո: Եւ որ կրտսերս եմ յամենեսեան, ողորմութիւն քո գթացեալ յառաջեցոյց զիս»:

Եւ զայս իբրեւ ասաց, ոչ եւս կարէր բանալ զբերանն յանհնարին պրկոցաց գելարանին: Եւ անդէն վաղվաղակի դահիճքն հրաման առեալ յերից նախարարացն՝ սրով հատանել զպարանոց երանելւոյն, եւ ընկեցին զմարմինն ի խորխորատ մի ցամաք:

When the wicked Denshapur looked at them and saw them all rejoicing in great mirth, he knew that words of threat and flattery would not get through to them. He ordered to have one of their youngest brought forth, a presbyter named Arshen because of whom there had been suspicions regarding the saints. They fettered his hands and feet, binding him with such great strength that all his veins burst, putting him in extreme strain for a long time.

The saint said: "Behold, many dogs have surrounded me and the assembly of the wicked has enclosed me; they pierced my feet and hands, and instead of my mouth all my bones cried out. Hear me, Lord, hear my voice and receive my soul together with your holy soldier, who appeared as your newly-made field.[27] I, who am the youngest of all, have preceded the others by your mercy."

Having said this, he could no longer open his mouth because of the extreme strain from the fetters. And the tormentors suddenly were commanded by the three lords to behead the blessed man by sword. [Having done this,] they threw his body into a ditch.

---

27 Cf. 1 Corinthians 3:6-9; Psalm 91:12-13 (LXX).

Եւ անդէն ի տեղւոջն սկսաւ խաւսել Դենշապուհ ընդ եպիսկոպոսին եւ ասէ. «Յորժամ եկի ես յաշխարհն Հայոց՝ զտարի մի եւ վեց ամիս եհաս շրջել ինձ անդ. ոչ յիշեմ ես ամենեւին՝ եթէ բան մի տրտունջ յումեքէ լուայ վասն քո, սոյնպէս եւ առաւել վասն Յովսեփայ. զի դա իսկ էր իշխան ամենայն քրիստոնէից, եւ հաւատարիմ յամենայն իրս արքունի: Նա եւ որ մարզպան աշխարհին լեալ էր յառաջ քան զիմ երթալն, մեծապէս գոհ էր զառնէս զայսմանէ. եւ ես ինձէն իսկ աչաւք իմովք տեսի, զի որպէս հայր հաստատուն համարեալ էր ամենայն աշխարհին, եւ անաչառութեամբ սիրէր զմեծամեծս եւ զփոքունս:

Արդ փոխանակ ընդ ձեր՝ ես աղաչեմ զձեզ. խնայեցէք ի պատուական անձինս ձեր, եւ մի՛ մատնիք ի մահ չարչարանաց ըստ առաջնոյն կարգի, զոր տեսէք աչաւք ձերովք: Քանզի թէ ի դոյն միտս յամառութեան կայք, եւ իմ եղեալ է ի մտի իմում բազում չարչարանաւք կարճել զձեզ ի կենաց ձերոց: Ես գիտեմ, զի ի հրապոյրս առնդ այդորիկ ելեալ էք դուք. քանզի ինքն ախտացեալ է մարմնով, եւ ձեռնարկութեամբ բժշկաց չիք գտեալ առողջութիւն. եւ հիւանդոտ կենաւք ձանձրացեալ է, եւ փափագէ ի մահ քան ի կեանս»:

At that place, Denshapur began speaking with the bishop and said: "When I came to Armenia, where I traveled for one year and six months, I do not recall hearing a word of complaint whatsoever about you or even about Hovsep, for he was the chief of all Christians, yet faithful in all matters concerning the king. Also, he who was marzban of the land before my going there was very pleased with this man; and I saw with my own eyes that he was firmly considered as a father by the entire land, and that he impartially loved the wealthy and poor alike.

"Now, instead, I am calling upon you: save your honorable selves and do not deliver yourselves to an agonizing death as with the previous one, which you saw with your own eyes; for if you are of the same stubborn mind, I have determined to cut short your lives with many torments. I know that you have been led on by the charms of that man, for he is physically ill and the doctors are not able to find a cure, and he has grown weary of his sickly life and now longs for death."

Առ այս ետ պատասխանի սուրբն Յովսէփ եւ ասէ. «Գովութիւնդ՝ զոր ետուր դու նախ եպիսկոպոսիդ եւ ապա ինձ, յիրաւի՛ արարեր եւ ըստ կարգի պատուեցեր վասն ալեացդ. այդպէս իսկ արժան է: Այլ ճշմարիտ ծառայից Աստուծոյ ոչ է աւրէն դիմադարձ լինել երկրաւոր իշխանաց, եւ ոչ զոք ի ժողովրդոց տրտունջ առնել վասն մարմնաւոր զաւշաքաղութեան. այլ ցածութեամբ եւ հեզութեամբ ուսուցանել զպատուիրանս Աստուծոյ, եւ առանց խարդախ իմաստութեան խաղաղասէր լինել առ ամենեսեան, եւ անաչառ վարդապետութեամբ առ մի Տէրն արարածոց առաջնորդել բոլորեցունց:

Այլ վասն առնս այսորիկ հրապուրանաց՝ զոր ասացեր, եւ զայդ ոչ ստեցեր, այլ կարի զճշմարիտն ասացեր: Զի ոչ իբրեւ զաւտար ոք հրապուրէ զմեզ, եւ ոչ իբրեւ զպատրող ոք խաբեբայ մոլորեցուցանէ զմեզ, այլ յոյժ սիրէ զմեզ: Քանզի մի է մայր մեր եկեղեցի՝ որ երկնեացն զմեզ, եւ մի է հայր մեր սուրբ Հոգին՝ որ ծնաւ զմեզ. զիա՞րդ համահարք եւ միոյ մաւր որդիք երկպառակք լինիցին, եւ ոչ միաբանք: Որ քեզ թուին՝ թէ հրապոյրք իցեն, մեր ի տուէ եւ ի գիշերի դոյն խորհուրդ էր՝ զի անքակ ունիցիմք զկենաց միաբանութիւնս: Իսկ եթէ սա ձանձրացեալ իցէ ելանել յախտալից մարմնոյս, առաւե՛լ եւս մեք ամենեքեան. զի չիք ոք ամենեւին ի ծնունդս կանանց, որ ունիցի զմարմին առանց ցաւոց չարչարանաց»:

To this, Saint Hovsep answered and said: "The praise that you have given, first to this bishop and then to me, you have given justly. You have esteemed us in the right order on account of our age. But to true servants of God it is not lawful to oppose worldly rulers, and no one in the population ought to grumble on account of material wealth; instead, in lowliness and meekness one ought to teach the commandments of God, to be peaceable toward all without sophistry, and to lead all toward the one Lord of creation with impartial teaching.

"But regarding the charms of this man that you mentioned, you did not lie; in fact, you very much spoke the truth. Because he does not charm us as a stranger, nor does he lead us astray as a deceptive flatterer, but he loves us very much; because the mother church that has borne us is singular, and so too is our father the Holy Spirit that brought us into the world. How shall children of the same father and mother be divided, and not united? What you seem to consider as 'fancies' were on our minds day and night, that we may keep the union of our lives undissolved. Yet if he wishes to leave his infirm body out of weariness, then we wish to do so more than anyone; for no one who is born of a woman has a body without aches and pains."

CHAPTER VII

Եւ պատասխանի Դենշապուհ եւ ասէ. «Ձայդ ոչ գիտէք, ո՞րչափ երկայնամիտ լինիմ ես ի վերայ ձեր. այս ոչ հրամանաւ արքունի է այսչափ երկայնաբան լինել ընդ ձեզ պայքարաւ, այլ յիմմէ քաղցրութենէ թողացուցի ձեզ. զի չեմ իբրեւ զձեզ անագորոյն, զիանձանց ատելի էք եւ այլոց թշնամիք: Իմ զի աղ եւ հաց կերեալ է յաշխարհին ձերում, գութ եւ սէր ունիմ ընդ աշխարհն ձեր»:

Եւ պատասխանի Ղեւոնդ երէց եւ ասէ. «Որ առ արտաքինսն գութ եւ սէր ունի, զպատուիրանսն Աստուծոյ կատարէ, այլ պարտի եւ յիւր ոգիսն խնայել. զի չեմք անձանց տեարք, այլ է, որ համարս խնդրէ ի մէնջ եւ վասն արտաքնոց եւ վասն ներքնոց: Այլ զոր ասացերդ՝ եթէ յինէն անսամ ձեզ եւ ոչ հրամանաւ թագաւորին, եթէ դուք սովոր էքանցանել ըստ հրամանաւ թագաւորին ձերոյ, զայդ բարիոք առնէք, զի աւերիչ աշխարհի է եւ սատակիչ անմեղ մարդկան, բարեկամ սատանայի եւ թշնամի Աստուծոյ: Այլ մեք ոչ կարեմք անցանել զհրամանաւ մերոյ թագաւորին, եւ ոչ զանանց կեանսն մեր կարեմք փոխանակել ընդ ապականացու պատրանս աշխարհիս:

Այլ վասն իմ զի ասացեր՝ չգտեալ զառողջութիւն ի բժշկաց, սիրէ զմահ քան զկեանս, այդ բանք ոչ այնոցիկ են, որ տեսանեն զամենայն չարչարանս աշխարհիս: Աղէ ցածո

Denshapur replied: "You have no idea how patient I am being with you. It is not by the king's command that I am engaging so much with this dispute, but out of my own kindness that I am tolerating you, for I am not merciless like you, who are self-loathing and hostile to others. I have eaten salt and bread in your land, and have compassion and love for it."

Presbyter Ghevond responded: "Whoever has compassion and love for others fulfills the commandments of God, but ought also to save his own soul; for we are not our own masters, but what Is,[28] who demands accounting from us for what we do within and without. Now as for your saying that 'I listen to you of my own accord, and not by the king's command', you do well, for he is a destroyer of countries, a killer of innocent people, a friend of Satan and an enemy of God. But while we cannot transgress the command of our king, nor can we exchange our impassable lives with the corruptible illusions of this world.

"But you said about me that 'having not found healing by doctors, he prefers death to life', which are not the words of those who see all the suffering of the country. Now relax

---

28 Cf. Exodus 3:14.

զքեզ սակաւիկ մի ի զայրագին սրտմտութենէդ, եւ եկ զհետ ճշմարիտ բանից իմոց, եւ հայեաց կարգաւ ընդ իրս աշխարհիս: Ո՞ ոք ի մահկանացուացս ունիցի կեանս անտըրտումս. ո՞չ ահա ամենայն լի են ախտիւք, է որ ի ներքոյ, եւ է որ արտաքոյ. ցուրտ եւ տաւթ, քաղց եւ ծարաւ եւ ամենայն աղքատութիւն կարաւտութեան: Արտաքոյ՝ անիրաւութիւն, յափշտակութիւն, գէճ պղծութիւն անառակ յարձակմամբ. ի ներքոյ՝ ամբարշտութիւն, ուրացութիւն, տգիտութիւն, անդարձ մոլորութիւն ի կամաւոր ազատութենէն:

Բայց դու որ զբժիշկս խոտեալ անարգեցեր, թէ չիք իմ ի նոցանէ գտեալ զառողջութիւն, չեն ինչ զարմանք. վասն զի մարդիկ են նոքա. է ցաւ՝ որում գտանեն հնարս առողջութեան, եւ է՝ որ ապստամբէ ի հնարից նոցա. վասն զի ամենեքեան եմք մահկանացուք, այն որ բժշկէն եւ որ բժշկին: Այլ երանի թէ եւ դուք ըստ բժշկական արուեստին բերէիք զնմանութիւն. զի ոչ փոքր է ճշմարտութիւն նոցա բժշկութեանն: Քանզի յորժամ տեսանեն նոքա զոք հիւանդացեալ, ոչ յապաղեն երթալ առ նոսա, այլ փութացեալ հնարին մատուցանել զառողջութիւն: Մանաւանդ եթէ յարքունիս մի ոք ի սիրելեաց թագաւորին ախտանայցէ, եւ հասեալ ի մեծ հրապարակն՝ տեսանիցէ զբազմութիւն պատուաւորացն եւ զառողջութիւն գեղեցիկ երիտասարդացն, եւ եւս ի ներքս մատուցեալ ի սրահսն արքունի, եւ անդ տեսանիցէ զամենայն սպասաւորացն զչքնաղ եւ զքանչելի տեսիլն,

a little from your furious indignation, come follow my truthful words, and look at the affairs of our world in an orderly way. Which of us mortals can have a life without sorrows? Isn't everyone full of illnesses—whether induced internally or externally? Cold and heat, hunger and thirst, and all kinds of poverty and destitution. Externally, injustice, extortion, defilement and aggressive debauchery; internally, impiety, apostasy, ignorance, and irredeemable aberrance out of headstrong liberty.

"But your scorning and condemning of doctors regarding their inability to find a cure for me is not surprising. For they are also men. There are illnesses for which they find cures, and those that evade their treatments—for we are all mortals, both those who treat and those who are treated. I wish that you, too, would take likeness to the medical profession, for the truth of their healing is not trivial. When they see that someone has fallen ill, they do not tarry; in fact, they hurry to find a way to heal him. Especially when one of the king's friends in the court becomes ill and the doctor arrives at the great courtyard, and sees the crowd of dignitaries, the healthy, attractive youngsters and the marvelous and wonderful sight of all the servants in the hall of the court,

ոչ ինչ զարմանայ ընդ հրաշակերտ տեսիլն: Նա եւ եթէ գահոյք ականակապք իցեն եւ համակ ոսկեղէնք, յորոց վերայ հիւանդն անկեալ դնիցի, չէ ինչ նմա փոյթ զայնմ ամենայնէ. այլ ի բաց հրամայէ առնուլ զոսկեհուռ վերարկուսն, եւ ձեռն ի ներքս տարեալ՝ զննէ զամենայն մարմինն, եթէ ջե՞րմ իցէ բնութիւնն, եւ եթէ սիրտն ի տեղւոջն հանդա՞րտ կայցէ, եւ կամ թէ լեարդն կակո՞ւղ իցէ, եւ կամ թէ շարժք երակացն յարմա՞ր իցեն. եւ ըստ նմին զդարման բժշկութեանն առնիցէ՝ շնորհելով նմա զառողջութիւն:

Իսկ արդ եթէ մարդկային բժշկութիւնն այսպիսի գիտէ քամահել զամենայնիւ, եւ միայն զիւր արուեստն յառաջ մատուցեալ՝ զգործն կատարէ, ո՞րչափ եւս առաւել ձեզ արժան է, որ զբոլոր աշխարհս ունիք յիշխանութեան մեծի, հոգ յանձին տանել՝ նախ զհոգիսդ բժշկել յամենայն ախտալից մոլորութեանց աշխարհիս, եւ մարմնովք իսկ կային ամենեքեան ձեզ ի ծառայութեան: Արդ այժմ զի դուք տգիտացարուք, եւ զանմահ հոգիսդ մահկանացու արարէք յանշէջ հուր գեհենին, մարմնովդ՝ եթէ կամիք եւ եթէ ոչ կամիք՝ ախտացեալ էք յախտաւորութիւն անառողջութեան. եւ զմեզ նախատէք մարմնոյ ցաւովք, որ ոչ ի կամս մերոյ ազատութեան է, այլ որպէս դիպեցաւ ի բնութեանս մարմնոյ իւրաքանչիւր մարդոյ:

he is not in the least astonished at that splendid sight. And when the bedframe where the patient is placed is bejeweled and entirely in gold, he does not pay it any mind; rather, he commands that the gold-threaded covers be removed, puts his hand beneath and examines the entire body to see whether it is feverish, whether the heart is beating calmly in its place, whether the liver is tender, and whether the circulation of blood through the veins is normal; and he conducts treatment accordingly, gracing his patient with the gift of recovery.

"Now if human medicine thus knows how to scorn everything in service of carrying out its job of healing, how much more fitting is it for you, who have the whole country under your great dominion, to first take care of curing your souls of all the faulty aberrations of this world, seeing as you already have everyone physically subjected to you? But since you have grown ignorant, you have subjected your immortal souls to death in the unquenchable fires of Gehenna and afflicted your bodies with the morbidity of illness whether you wished to or not; yet you reproach us for our physical illnesses, which are not from our own will, but visit each person according to the nature of his body?

175

Եւ Քրիստոս ճշմարիտ Աստուած կենդանի եւ կենդանարար՝ ի կամս իւրոյ բարերարութեան եղեւ բժիշկ հոգւոց եւ մարմնոց. եւ նախ ինքն ի ցաւս չարչարանաց իւրոց բժշկեաց զամենայն ազգս մարդկան: Եւ եւս խանդաղատագոյն գթացեալ, վերստին ծննդեամբն ծնեալ զմեզ յառողջութիւն՝ անցաւս եւ անվէրս, եւ ի ծածուկ հարուածոց զհին ծակոտուածսն վիշապին ողջացոյց, եւ արար զմեզ անսպիս եւ անարատս հոգւով եւ մարմնով, զի իցեմք բանակակից հրեշտակաց եւ զաւրք երկնաւոր թագաւորին մերոյ: Եւ քո զայս ոչ գիտացեալ, եւ ոչ վայելեալ յերկնաւոր պարգեւսն Աստուծոյ, եւ ոչ եւս այլ կամիս ուսանել ի մէնջ. այլ եւ զմեզ եւս վրիպեցուցանել կամիս, որում չիք հընար, եւ մի՛ այլ լիցի, եւ ոչ կարես իսկ առնել:

Այլ վասն իմոյ ախտալից մարմնոյս ասացից քեզ կարճառաւտս: Խնդամ եւ ուրախ եմ յորժամ տեսանեմ զմարմինս իմ չարչարեալ. գիտեմ զի զաւրանայ յիս առողջութիւն հոգւոյս իմոյ: Մանաւանդ զի ունիմ ինձ գրաւական զմեծ վարդապետն հեթանոսաց, որ ի ցաւս մարմնոյ անձին մխիթարէր, եւ ի կռփումն սատանայական մարմնոյ պարծէր եւ ասէր. Զի եթէ տնկակիցք եղաք նմանութեան մահու նորա, ո՞րչափ եւս առաւել լիցուք հաղորդք յարութեան նորա: Այլ դու, որ ունիս իշխանութիւն ի վերայ մեր, դատեա զմեզ ըստ չարութեան կամաց քոց: Չեմք ինչ զանգիտելոց յահագին յահաւոր սպառնալեացդ քոց, եւ ոչ երկիւղած ի դառն մահուանէն, զոր ածելոց ես ի վերայ մեր»:

"Now Christ, the true living and life-giving God, became doctor of souls and bodies by His beneficent will. He first cured all nations of men through his painful torments. Then, moved yet more to compassion, through his second birth he birthed us into health, painless and woundless, and secretly healed the old wounds inflicted by the serpent and made us scarless and spotless in soul and body, that we partake of the hosts of angels of our heavenly king. But as you do not know this, you do not enjoy the pleasures of God's heavenly gifts, and nor are you willing to learn from us. You wish instead to mislead us, which is not possible, nor will it be, and nor will you be able to succeed.

"As for my infirm body, I will tell you about it briefly. I rejoice when I see that my body is being tortured; for I know that the health of my soul is being strengthened. All the more because I have as a pledge the great teacher of the Gentiles, who solaced himself in his bodily pains and boasted of being oppressed by Satan, saying: 'For if we have been planted together in the likeness of His death, how much more shall we also be in the likeness of His resurrection.'[29] But as for you, who has authority over us, go ahead and judge us according to your wicked will. We are not ignorant of your formidable threats, nor are we afraid of the bitter death that you will bring upon us."

---

29 Romans 6:5.

Յայնժամ մեկուսացոյց սակաւիկ մի զերանելիսն ի միմեանց, եւ միայն ասէ ցսուրբ եպիսկոպոսն. «Գովութիւն, զոր ետու քեզ յառաջ, ոչ իմացար զպատիւ անձին քոյ: Յիշեցուցանեմ քեզ զչարիսն, զոր գործեցեր դու, զի անձամբ զանձն քո արասցես մահապարտ: Արդարեւ դո՞ւ աւերեցեր զատրուշանն յՌ-շտունիս, եւ կամ զկրակն դո՞ւ սպաներ. նա եւ որպէս լուայ եւ ստուգեցի, թէ եւ զմոգսն դու չարչարեցեր, եւ զսպաս պաշտամանն դու տարար. արդ եթէ արդարեւ դու արեր, պատմեա ինձ»:

Ետ պատասխանի սուրբն եւ ասէ. «Ա՞րդ կամիս ուսանել զայդ յինէն, եթէ յառաջագոյն գիտէիր»:

Դենշապուհ ասէ. «Այլ է համբաւ, եւ այլ է ճըշմարտութիւն»:

Եպիսկոպոսն ասէ. «Որպէս կարծեսդ՝ ասա ինձ»:

Դենշապուհ ասէ. «Իմ լուեալ էր, եթէ զամենայն վընասսն յՌ-շտունիս դու արարեր»:

Եպիսկոպոսն ասէ. «Եւ զի այդպէս հաւաստեաւ ի վերայ հասեր, կրկին զի՞ հարցանես»:

Դենշապուհ ասէ. «Ջճշմարիտն ի քէն կամիմ ուսանել»:

Եպիսկոպոսն ասէ. «Ոչ զաւգուտ կենաց քոց կամիս ուսանել յինէն, այլ արեան իմոյ ցանկան միտք քո»:

Դենշապուհ ասէ. «Չեմ գազան արիւնախանձ, այլ վրէժխնդիր եմ աստուածոցն անարգութեան»:

Then [Denshapur] split the blessed men apart and addressed the holy bishop: "You did not perceive the praise that I gave you as an honor, so I shall remind you of the evil that you wrought so that you condemn yourself to death: Weren't you the one who destroyed the fire temples in the land of Rshtunik? And weren't you the one who killed the fire? Also, I heard and verified that you harassed the magi and took the vessels of service. Now, if you have indeed done these things, explain them to me."

The saint responded and said: "Do you now wish to learn from me what you already know?"

Denshapur: "Hearsay is one thing; truth is another."

The bishop: "Tell me what *you* think."

Denshapur: "I have heard that all the damages to the land of Rshtunik were done by you."

The bishop: "If word has reached you so definitively, then why are you asking again?"

Denshapur: "I want to learn the truth from you."

The bishop: "It is of no interest to you to learn from me, you are only after my blood."

Denshapur: "I am not a blood-thirsty beast, I am vengeful because of the dishonoring of our gods."

Եպիսկոպոսն ասէ. «Զտարերս համերս աստուածս անուանես, եւ զպատկերակիցս քո մարդիկ խողխողել կամիս. տալոց հատուցանելոց ես վրէժ թագաւորաւն քով յանկաշառ ատենին Աստուծոյ: Եւ զոր քո չար կամաւքդ կամիս լսել յինէն, զայդ ես ասեմ քեզ: Զտունն արդարեւ ես աւերեցի, եւ զմոգսն չարչարեցի զանիւ, եւ զկահ պղծութեան, որ ի տանն էր, ի ծովն ես ընկեցի: Այլ զկրակ ո՞վ կարէ սպանանել. քանզի ամենիմաստ Արարիչն արարածոց հոգ խնամոյ տարեալ յառաջագոյն՝ անմահս հաստատեաց զբընութիւն չորից նիւթոցս: Աղէ սպան դու զաւդ՝ եթէ կարես, եւ կամ ապականեա զհող՝ զի մի՛բուսուսցէ զդալարի, փողոտեա զգետ՝ զի մեռցի: Եթէ զայդ երեսին կարես առնել, ապա եւ զկրակ կարես սպանանել:

Ապա եթէ ճարտարապետն մեր միաբանեաց զչորից տարերցդ զանքակութիւն, ահա եւ գտանի բնութիւն հրոյ ի քարինս եւ յերկաթս եւ յամենայն տարերս զննելիս, ընդէ՞ր ստութեամբ զրպարտես զիս, թէ դու զկրակ սպաներ: Աղէ դու սպան զջերմութիւն արեգական, զի ունի նա մասն հրոյ, եւ կամ տուր հրաման՝ զի մի՛ թափեսցի հուր յերկաթոյ: Մեռանի այն, որ շնչէն եւ շարժի եւ գնայ եւ ուտէ եւ ըմպէ. ե՞րբ տեսեր դու զկրակ գնայուն կամ խաւսուն կամ գիտուն: Արդ զոր կենդանի քո չէ տեսեալ՝ մեռեա՞լ խոստովանիս:

The bishop: "You call the dumb elements gods and wish to butcher your fellow humans, for which you and your king will pay compensation at the incorrupt tribunal of God. As for what you wish to hear from me out of your evil desire, I will tell you. I did in fact destroy the fire temple, I did cane the magi, and I did throw the defiled vessels that were in the temple into the sea. But who can kill fire? For the all-wise Creator of creatures first took care to make the four elements of nature deathless. Now go and kill the air, if you can; or corrupt the earth so that the grass does not sprout from it; or slaughter the river and kill it. If you can do these three things, then you can also kill fire.

"Now if our Architect harmonized the indissolubility of the four elements and if rocks, iron and all the other perceptible elements can be ignited, why do you falsely accuse me of having killed fire? Go and kill the heat of the sun, for it contains fire, or command that steel not be used to yield fire. Those who breathe, move, walk, eat and drink are mortals. When have you seen fire that can walk, talk or learn? And that which you have never seen living, you aver dead?

Քանի՛ անթողլի է ամբարշտութիւնդ ձեր քան զամենայն հեթանոսաց, որ գիտնագոյնք են քան զձեզ. որ թէպէտ եւ ի ճշմարիտն Աստուծոյ մոլորեալ են, զանխաւս տարերս աստուած ոչ խոստովանին: Արդ եթէ դու անգիտութեամբ կորնչելի ասես զբնութիւն հրոյ, ոչ առնուն քեզ յանձն արարածքս. քանզի խառն է դա յամենեցունց»:

Դենշապուհ ասէ. «Ոչ ինչ մտանեմ ես ընդ քեզ ի պայքար քննութեան վասն բնութեան արարածոցս. այլ խոստովանեա ինձ, եթէ դո՞ւ անցուցեր զկրակն, եթէ ոչ»:

Պատասխանի ետ երանելին եւ ասէ. «Որովհետեւ ոչ կամեցար լինել աշակերտ ճշմարտութեանն, ասացից զկամս հայրն քո սատանայի: Ես ինձէն իսկ մտի ի կրակատունն ձեր եւ տեսի, զի կային պաշտաւնեայք ամբարշտութեանն սնոտի կարծեացն ձերոց, եւ կրակարանն լի հրով առաջի նոցա բորբոքեալ այրէր: Հարցի ցնոսա բանիւք եւ ոչ զանիւ, թէ զի՞նչ համարիք ի միտս ձեր զկրակ պաշտամանս այսորիկ: Ետուն պատասխանի եւ ասեն. Մեք ինչ ոչ գիտեմք. բայց այսչափ ինչ իմանամք, զի սովորութիւն է նախնեացն եւ հրաման բուռն թագաւորին:

Ասեմ դարձեալ ցնոսա. Եւ զբնութիւն կրակիդ զի՞նչ իմանայք. արարի՞չ կարծէք, թէ արարած: Ասեն ամենեքեան միաբան. Արարիչ մեք զդա ոչ գիտեմք, նաեւ ոչ հանգուցիչ աշխատելոց: Ձեռք մեր փապարեալ են ի կացնի, եւ ողունք մեր տեռեալ են ի փայտակրի. աչք մեր գիջացեալ են արտասուաւք ի կծութենէ ծխոյ դորա, եւ երեսք մեր մրոտեալ են ի խոնաւութեանց թանձրութենէ նորին ծխոյ: Եթէ շատ մատուցանեմք նմա զկերակուրն, յոյժ քաղցնու. եւ եթէ բնաւ չտամք, ամենեւին անցանէ. եւ եթէ մաւտ երթամք եւ երկիր պագանեմք, կիզու զմեզ. եւ եթէ ոչ երթամք մաւտ ամենեւին, մոխիր լինի: Մեր այդպէս հասեալ է վերայ բնութեան դորա:

"Your impiety is much more unpardonable than that of all the heathens who are more learned than you, and who, despite having strayed from the true God, do not avow the dumb elements as gods. Now if you call the nature of fire perishable out of ignorance, these entities will not grant you that, for it is mixed among them all."

Denshapur: "I will not enter with you into any debate about the nature of these entities, but confess to me: Did you extinguish the fire, or not?"

The venerable [bishop]: "Since you did not wish to become a disciple of truth, I shall tell you the will of your father, Satan. I myself entered your fire altar where there were the impious ministers of your lowly persuasion, and the hearth before them was blazing. I asked them verbally and not by caning them: 'What do you consider this fire that you worship?' They answered and said: 'We have no idea; we only understand that it is an ancestral custom and a stern command of the king.'

"I said again to them: 'What do you understand about the nature of your fire! Do you consider it a creator or a creature?' They all agreed: 'We do not understand it as a creator, nor as a giver of rest from work. Our hands are calloused from our axes and our backs are fractured from carrying wood; our eyes are coated with tears from the acridity of the smoke and from its thickness our faces are covered with soot. If we give it too much fuel, it becomes very famished; and if we do not give it any, it completely fades; if we go near and worship it, it burns us, but if we do not go near it at all, it turns to ashes. That is how we comprehend its nature.'

Ասեմ դարձեալ ցնոսա. Իսկ լուեա՞լ է ձեր՝ եթէ ո՛յր ուսուցեալ է ձեզ զայդպիսի մոլորութիւն: Ետուն պատասխանի եւ ասեն. Զի՞ ի լսելոյ հարցանես զմեզ, այլ հայեաց ընդ առաջիկայ իրսդ. զի աւրէնսդիրքն մեր հոգւովք մտաց միայն կուրացեալ են, այլ թագաւորն մեր մարմնով միով ակամբն կոյր է, այլ ոգւոյն բնաւ չիք իսկ աչք:

Վասն այնորիկ եւ ես իբրեւ լուայ զայս ի մոգուցն, յոյժ ողորմեցայ. Զի տգիտութեամբ զարդարն խաւսեցան: Սակաւիկ մի չարչարեցի զնոսա գանիւ, եւ նոցուն իսկ ետու զկրակն ի ջուրն ընկենուլ, եւ ասացի այսպէս. աստուածք, որ զերկինս եւ զերկիր ոչ արարին, կորիցեն ի ներքոյ երկնից. եւ ապա զմոգսն ի բաց արձակեցի»:

Զայս ամենայն իբրեւ լուաւ Դենշապուհ ի բերանոյ սուրբ եպիսկոպոսին, անհնարին զահի հարաւ ի թշնամանաց թագաւորին եւ յանարգանաց դենին: Վասն որոյ եւ երկեաւ իսկ մատուցանել զնա ի տանջանս հարուածոց, թէ գուցէ այլ եւս մեծ անարգանս զթագաւորէն տացէ ասել յատենին, եւ ի նա ձգիցին կարծիք թշնամանացն, զի երկայնմտութեամբ պայքարեցաւ ընդ նոսա: Եւ քանզի սուսեր ընդ մէջ ածեալ նստէր յատենի ահ արկանելով սրբոցն, գոչեաց իբրեւ զառեւծ զայրագին, եւ հանեալ զսուսերն՝ գազանաբար յարձակեցաւ ի վերայ երանելեացն, եւ եհար եպիսկոպոսին զաջ ուսն թիկամբն հետ եւ զձեռն ի վայր ընկէց: Եւ նորա յահեակ կողմն յերկիր անկեալ, եւ դարձեալ անդրէն պատսպարէր, առնոյր զաջ ձեռն ի վեր. աղաղակեաց մեծաձայն եւ ասէ. «Ընկալ, Տէր, զկամաւոր պատարագս՝ որ ինձէն զիս քեզ մատուցի բոլորովիմբ, եւ խառնեա զիս ի գունդս սուրբ զինուորացն քոց»:

"I said again to them: 'Have you heard who taught you this aberrance?' They responded and said: 'Why do you ask us about what we have heard? Just look at what's before you and you will see all there is to it; for our legislators are only blind in spirit, while our king is physically blind in one eye, and spiritually has no eyes.'

"Therefore, when I heard this from the magi, I very much pitied them, for out of their ignorance they spoke the truth. I caned them a little and had them throw the fire into the water, and then I said: 'May the gods who have not created the heavens and the earth perish beneath the heavens.' Then I sent out the magi."

When Denshapur heard all this from the mouth of the holy bishop, he was stuck with great fear regarding the hostility toward the king and the dishonoring of their religion. Therefore, he feared to subject them to torture, lest he lead them to express even greater contempt for the king before the court and they turn hostile toward him for having suffered them patiently. As he was sitting in court with his sword on his waist striking fear among the saints, he roared like a furious lion, drew his sword, brutally attacked the blessed men and slashed the bishop's right shoulder. His arm fell down and he fell to his left. Then he recouped, lifted his right arm up, and cried out: "Receive this willing sacrifice that I dedicate to you, Lord, and include me among your holy host of soldiers."

Դարձեալ քաջալերէր զընկերակիցսն իւր եւ ասէր. «Հա՛պա առաքինիք, եհաս ժամ կատարման մերոյ. խզեէք զաչս մարմնոյ վայր մի, եւ այժմ տեսանէք զլոյսն մեր Քրիստոս»: Եւ թաւալելով ընդ արիւն անձինն իւրոյ ասէր. «Աւրհնեցի՛ց զՏէր յամենայն ժամ, հանապազ աւրհնութիւն նորա ի բերան իմ: Ի տէր պարծեսցի անձն իմ, լուիցեն հեզք եւ ուրախ եղիցին»: Եւ ասելով զսաղմոսս զայս կատարէր մինչեւ ցայս տեղի. Բազում նեղութիւնք են արդարոց. յամենայնէ փրկէ զնոսա Տէր եւ պահէ զամենայն ոսկերս նոցա:

Եւ մինչդեռ կայր ոյժ ի մարմնոյն սակաւիկ մի, իւրովք աչաւք իսկ հայեցեալ՝ տեսանէր յերկնից եկեալ գունդս բազում հրեշտակաց եւ վեց պսակ ի ձեռին հրեշտակապետին: Դարձեալ եւ լսէր եւս բարբառ ի վերուստ, որ ասէր. «Քաջալերեցարուք, սիրելիք իմ, զի ահա մոռացայք զվշտալի կեանսդ, եւ հասէք երանելի պսակացդ, որ ձերով ճարտարութեամբդ կազմեցէք. առէք դիք յիւրաքանչիւր գլուխ: Զի նիւթ պատրաստական ի ձէնջ գործեալ հիւթեցաւ, իսկ ճարտարութիւն գործոյդ յամենաասուրբ ձեռացն Քրիստոսի կազմեցաւ. զոր ի սպասաւորաց այտի իսկ ընկալեալ՝ ընդ Ստեփանոսի լինիք պսակակից»: Նա եւ զայն եւս քաջապէս տեսանէր, զի դեռ եւս շողայր սուրն ի վերայ պարանոցի երանելեացն:

He encouraged his fellow companions again: "Now, valiant ones; the hour of our death has arrived; close your eyes for a moment, and see now our hope, Christ." And turning in his own blood, he said: "I shall bless the Lord at all times with His blessing ever in my mouth. My soul shall boast in the Lord, the humble shall hear of it and be glad."[30] Then he sung this psalm until this point: "Many are the afflictions of the righteous, but the Lord delivers him from them all and protects all his bones."[31]

While there was some strength left in his body, he looked with his own eyes and saw a great host of angels coming from heaven with six crowns in the hands of the archangel. He heard voices from above, which said: 'Take courage, my beloveds, for you have already forgotten your sorrowful lives and attained your blessed crowns which you formed with your own skill. Take one each and put them on your heads. They were composed of the material that you provided and the ingenuity of your work was fashioned by the most Holy Christ, brought into your possession by His servants, making you sharers of the crown with [Saint] Stephen.' He also clearly saw that the sword was still shining over the necks of the blessed ones.

---

30   Psalm 33:2-3 (LXX).
31   Psalm 33:20-21 (LXX).

Զոր իբրեւ ետես սուրբն Ղեւոնդ, եթէ ոչ եւս զմի մի կամին հարցանել եւ դատել, այլ միանգամայն հրաման եղեւ մահու, ասէ ցերանելին Յովսէփ. «Մատիր, յառաջեա ընդ-Օդէմ սրոյն, զի դու աստիճանաւ ի վեր ես քան զամենեսեան»: Եւ զայս իբրեւ ասաց, կարգեցան կացին մի ըստ միոջէ. եւ առ ճեպ տագնապի ստիպելոյ դահճացն՝ միանգամայն հատին ընկեցին զպարանոցս երանելեացն առաջի սուրբ եպիսկոպոսին. եւ նորա ընդ հանել ոգւոցն աղաղակեաց եւ ասէ. «Տէր Յիսուս, ընկալ զոգիս մեր ամենեցուն, եւ խառնեա զմեզ ի գունդս սիրելեացն քոց»: Եւ միանգամայն կատարեցան ամենեքեան ի նմին տեղւոջ:

Եւ եթէ զմոգպետն եւս, որ հաւատաց ի Քրիստոս, կամիցիս ընդ նոսա ի համար արկանել, թուով են ութն. թող զերկուսն եւս, որ ի Վարդէսն կատարեցան, եւ մեւս եպիսկոպոսն Թաթիկ անուն յԱսորեստանի: Բայց անդէն ի տեղւոջն վեցեքին, որոց անուանքն են այսոքիկ.

Սահակ եպիսկոպոս յՌշտունեաց:

Սուրբն Յովսէփ ի Վայոց ձորոյ ՝ ի գեղջէ Հողոցմանց:

Ղեւոնդ երէց ի Վանանդայ ՝ ի գեղջէ Իչաւանից:

Մուշէ երէց յԱղբակոյ:

Արշէն երէց ի Բագրեւանդայ ՝ ի գեղջէ յԵղեգեկայ:

When Saint Ghevond saw that they no longer wished to interrogate and judge them one by one, sentencing them to death instead, he said to the blessed Hovsep: "Come, face the sword, for you are of higher rank than everyone else." When he said this, they lined up one after another, instigating the officers, who at once beheaded the blessed ones before the holy bishop. As their souls were departing, he cried out and said: "Lord Jesus, receive all our souls, and include us in your host of beloveds." And they were all executed at once in the same place.

If you wish to count the mogbed who believed in Christ among them, they numbered seven (excluding the two who were executed at Vardes, and another bishop named Tatik in Assyria). But these are the names of the six who were executed there:

Bishop Sahak from Rshtunik,

Saint Hovsep from Vayots Dzor[32], from the village of Hoghotsimk,

Presbyter Ghevond, from Vanand, from the village of Ijavank,

Presbyter Mushe from Aghbak,

Presbyter Arshen from Bagrevand, from the village of Yeghegek,

---

32 *Vayots Dzor:* "Valley of Woes".

Քաջաջ սարկաւագ՝ ուստի եպիսկոպոսն էր Ռշտունեաց:

Իսկ երանելի Մոգպետն ի Նիւշապուհ քաղաքէ:

Սամուէլ երէց յԱյրարատոյ ՝ ի գեղջէ յԱրածոյ:

Աբրահամ սարկաւագ ի նմին գեղջէ:

Արդ զվեց զայս սուրբս յանապատին՝ ուր կատարեցին, Դենշապուհ եւ մոգպետն եւ Ջնիկան մայպետն անդէն ի տեղւոջն պահապանս ընտրեցին յիւրաքանչիւր սպասաւորացն, եւ պահել հրամայեցին զմարմինս երանելեացն ցաւուրս տասն կամ եւս աւելի, մինչեւ կարաւանն արքունի անցեալ գնացէ. զի մի՛ այլադենքն, ասեն, եկեալ բառնայցեն զոսկերս դոցա, եւ բաշխեալ սփռեսցեն ընդ աշխարհս ամենայն, յոր եւ մարդիկ եւս առաւել յորդորեալ մոլորիցին զկնի նածարացւոց աղանդին:

Իսկ խուժիկն, զոր յառաջագոյն ասացաք, զինու հանդերձ մնայր անդէն ընդ պահապանսն որպէս զմի ի նոցանէ, այր լի իմաստութեամբ եւ կատարեալ աստուածային գիտութեամբ, սպասէր եւ դէտակն ունէր, եթէ որո՛վ աւրինակաւ հնարս գտցէ զոսկերս սրբոցն գողանալ ի նոցանէ:

Եւ իբրեւ աւուրք երեք անցին ի վերայ, արհաւիրք մեծ անկանէին ի վերայ ամենեցուն, եւ իբրեւ թմբրեալք եւ կիսամեռք անյարիրք անկեալ դնէին, զերիս աւուրսն:

Deacon Kajaj, whence the bishop of Rshtunik,

The blessed mogbed from the city of Nishapur,

Presbyter Samuel from Ayrarat, from the village of Arats,

Deacon Abraham from the same village.

Then Denshapur the mogbed and Jnikan the *maybed*, along with their servants, kept watch there in that place where the six saints were executed in the wilderness, and were commanded to keep the bodies of the blessed men there for ten days or more until the royal army should pass through, lest, they said, the infidels come, remove their bones and spread them throughout the whole land, on account of which even more people would be led astray after the sect of the Nazarenes.

But the Khuzhik, whom we mentioned previously—a man full of wisdom and replete with divine knowledge—remained there with the guards, armed as one of them, waiting and watching closely, to determine the means by which to steal the bones of the saints from them.

Three days later, a great horror befell everyone; they fell down as though they were numb and half-dead for three

Իսկ ի չորրորդում աւուրն երկուք ի պահապանացն չարաչար լլկեցան ի դիւէ: Դարձեալ հասարակ գիշերաւ չափ՝ ձայնք ահեղք հնչէին, եւ թնդիւնք որոտաձայնք ի ներքուստ՝ որպէս զդղրդումն գետնաշարժի. երկիրն դողայր ի ներքոյ նոցա, եւ շողիւնք սուսերաց փայլատակունս արձակէին շուրջ զնոքաւք: Եւ զամենեսեան զդիակունսն կանգնեալ տեսանէին, եւ զնոյն բանս ատենին ահագինս բարբառէին ի լսելիս նոցա. մինչեւ խուճապել նոցա ընդ միմեանս, դեռ եւս զիրեարս սատակէին: Եւ այսպէս տագնապեալք եւ ցըրնորեալք, մինչեւ այր զընկերի փախուստ չգիտէր ընդ որ երթայր: Եւ եկեալ պատմէին մեծաւ զարմացմամբ զամենայն անցս չարչարանացն, զոր կրեցին:

Ի խորհուրդ մտին նախարարքն երեքեան, եւ սկսան զարմանալով ասել ցմիմեանս. «Զի՞նչ գործեսցուք, զի՞նչ արասցուք վասն անքնին աղանդոյն քրիստոնէից. Քանզի մինչդեռ կենդանի են, զարմանալի են կեանք նոցա, ընչատեացք են իբրեւ զանկարաւտս, սրբասէրք են իբրեւ զանմարմինս, անաչառք են իբրեւ զարդարադատս, աներկիւղք են իբրեւ զանմահս: Եթէ զայս ամենայն ասեմք իբրեւ զտըրգիտաց եւ իբրեւ զյանդգնելոց, իսկ զայն զի՞ առնիցեմք, զի ցաւոտք ամենայն ի կարաւանի աստ նոքաւք առողջանան: Եւ կամ որ մեծս է քան զայդ ամենայն, ո՞յր ուրուք դի կանգնեալ երեւեցաւ ի կենդանեաց, կամ բարբառ բանից ոք լուաւ ի նմանէ:

days. Then, on the fourth day, two of the guards were cruelly possessed by a demon, and at around midnight, a formidable rumble echoed from beneath like the tumults of an earthquake: The earth shook beneath them and the glittering of their swords radiated brightness around them. They saw all the corpses standing, loudly proclaiming the same words from the tribunal into their ears. They panicked among themselves so much that they might have slaughtered one another. They were so disturbed and hysterical that one friend did not know where the other had fled. They came in great astonishment and explained all the torments that they had undergone.

The three chiefs consulted each other and started saying to one another in astonishment: "What are we to do? What are we to do about this unfathomable Christian sect? For as long as they live, their lives are astonishing; they despise possessions as though they had no need of them, they love saintliness as though they are bodiless, they are impartial like equitable judges and fearless like immortals. If we attribute all of this to their ignorance and audacity, how can we explain the fact that everyone who was ill in the army here was healed by them? Above all, whose corpse has ever appeared to be standing and living, or who has heard a word from a corpse?

Զի սուտ չեն մեր սպասաւորքն. մեր մեզէն իսկ հաւ-եալ է ի վերայ ստուգութեան սոցա: Եւ եթէ կամեցեալ էր սոցա մարմնաւոր ինչ ագահութիւն ի ներքս խառնել, սա-կաւ մի ակնարկէին քրիստոնէից ի կարաւանիս, զկշիռ իւ-րաքանչիւր մարմնոց նոցա ոսկի առնուին: Դարձեալ եւ արքդ, որ ի դիւէ չարչարեցան, զի յայլ ժամս ցաւոտք չէին՝ մեք գիտեմք. յայտ է եթէ այսաւր նշան մեծ երեւեցաւ: Եթէ լուռ լինիմք, այսպէս մեզ եւ անձանց մերոց կասկած իսկ է. եւ եթէ տանիմք զդոսա առաջի թագաւորին, լսելով նորա ի դոցանէ զայդ ամենայն մեծամեծ սքանչելիս, գուցէ եւ աւ-րինացս մերոց քակտումն ինչ հասանիցէ»:

Ետ պատասխանի մոգպետն եւ ասէ ցնոսա. «Ո՞չ զիս ոստիկան արարին ի վերայ ձեր երկոցունցդ. զի՞ այդ-չափ նեղեալ տագնապիք յանձինս ձեր. դուք զգործն ձեր կատարեցէք, եւ զհրամանն արքունի ի գլուխ տարայք: Արդ եթէ համբաւդ այդ յայտնեսցի, եւ հարցափորձ ինչ լինի-ցին առաջի արքային, այդ խնդիր մեր մոգաց է. Դուք ան-հոգ լերուք, եւ մի՛ ինչ ածէք զմտաւ: Եւ եթէ զարհուրեցայք ինչ յոգիս ձեր, վաղագոյն առաւաւտուցն ի դարի թիր ե-կայք. զի վաղիւ անդ Մովպետան մովպետ ռատ յազէ, եւ նոյն հաճեալ հաւանեցուսցէ զմիտս ձեր»:

"For our servants are not lying; we ourselves have verified it. If they had been greedy for material things, they would have already alluded to the Christians in the army and each of them would have received his weight in gold. As for those men who were possessed by a demon, we know that they had not been ill at any other time. It is clear that a great miracle appeared today. By remaining silent, we will bring suspicion upon ourselves; yet if we take them to the king, perhaps our religion will be dissolved when he hears of these great miracles."

The mogbed replied: "Didn't they put me in charge over you both? Why are you so troubled and disturbed in yourselves? You completed your work and executed the royal order. Now if the news were to be revealed and an inquiry held before the king, this would pertain to us magi. Do not worry about a thing. And if you are afraid in your souls, come early in the morning to dari tir[33]; because tomorrow the *Movpetan Movpet* will make a great sacrifice there and convince you."

---

33 dari tir: unclear reference.

Իսկ խուժիկն իբրեւ լուաւ զայս ամենայն, եւ գիտաց՝ եթէ փոյթ ինչ ոչ է նոցա յայնմհետէ սուրբ սպանելոցն, փութացաւ վաղվաղակի էառ տասն այր, որոց զչափ գիտէր զքրիստոնէութեանն, եւ հասեալ ի տեղին՝ չէն եգիտ զամենեսեան: Եւ քանզի կասկած ունէր տակաւին ի նոցուն ի դահճացն, դարձեալ փոխեցին անտի զսուրբսն յայլ տեղի բացագոյն իբրեւ երկու հրասախաւք: Եւ իբրեւ յանհոգս եղեն, սրբեցին կազմեցին զոսկերս երանելեացն. բերին ի բանակն եւ ունէին ի ծածուկ. եւ առ սակաւ սակաւ յայտնեցին նախ զաւրականին Հայոց, եւ ապա բազում քրիստոնէիցն, որ էին ի կարաւանին: Եւ զառաջին պտուղ ընծային մատուցանէին կապեալ նախարարացն. եւ անդէն վաղվաղակի արձակեցան նոքա ի կապանաց իւրեանց, եւ սպառնալիք մահուանն անցին զնոքաւք, եւ հրովարտակք թողութեան առաքեցան յաշխարհն Հայոց:

Այս երանելի խուժիկս, որ արժանի եղեւ ի ծածուկ սպասաւոր լինել սրբոցն, որ ինչ ի մահուանէն եւ այսր աւասցաւ դատակնիք վճռիս այսորիկ, սա երկրորդեաց մեզ զամենայն կարգաւ. զչարաչար քարշումն, եւ զհարց եւ զփորձ դատաւորացն, եւ զիւրաքանչիւր անձանց սրբոցն զպատասխանիսն, եւ զկատարումն մահուան նոցա, եւ զահագին արհաւիրսն, որ ի վերայ պահապանացն անկաւ, եւ զհեծեծումն քննութեան նախարարացն երեցունց, եւ զամփոփումն սուրբ ոսկերաց նոցա ոչ խառն ի խուռն ի մի վայր ժողովելով, այլ զմի մի ի նոցանէ ուրոյն ի վեց տապանս ժողովեալ էր, եւ զանուանս իւրաքանչիւր ուսեալ եւ ի վերայ տապանացն նշանակեալ էր: Եւ զկապանսն երկաթիս ընդ իւրաքանչիւր ոսկերսն եղեալ էր, քանզի դահճացն ի բաց ընկեցեալ էր. որպէս եւ զհանդերձս զիւրաքանչիւր տապանի նշանակեալ էր:

When the Khuzhik heard all this and found out that they no longer cared about the holy martyrs, he made haste, took ten men whom he knew to be Christians, and arrived at the place where they found all [the corpses] intact. But since they still had suspicions about the tormentors, they moved the saints someplace else about two parasangs away. And when they were relieved, they cleaned and arranged the bones of the blessed ones; then, they took them to the camp and kept them in secret. Little by little, they revealed them, first to the Armenian soldiers, and then to many of the Christians who were in the caravan. The firstfruits[34] were dedicated to the nakharars in chains, who were immediately freed from their fetters; the threat of death passed them by, and letters of pardon were sent to Armenia.

This blessed Khuzhik, who became worthy of being a secret servant to the saints, repeated to us what took place regarding their death and execution up until this point: the torturous dragging [of their bodies], the inquiry of the judges, the responses of each of the saints, their execution, the great terrors that befell the guards, the grueling inquiry of the three ministers, and the collection of the bones of the saints in one place—not all jumbled up together, but one by one into six separate caskets, having learned each of their names and having marked them on the caskets. The chain fetters of each saint were placed with their bones, and so were their clothes.

---

34 Cf. 1 Corinthians 15:20

Եւ կատարեցան սոքա վեցեքեան սուրբ եւ ցանկալի մահուամբն իւրեանց, որ աւր քսան եւ հինգ էր հրոտից ամսոյ՝ ի մեծ անապատին յԱպար աշխարհի, եւ սահմանս Նիւշապուհ քաղաքի:

ԴԱՐՁԵԱԼ ՎԱՄՆ ԽՈՍՏՈՎԱՆՈՂ ԱՇԱԿԵՐՏԱՑ ՆՈՑՈՒՆՑ

Իսկ աշակերտք երանելեացն ի կապանս կային ի ներքս ի քաղաքին. Եկն դահճապետ մի արքունի եւ եհան զնոսա ի քաղաքէ անտի արտաքս:

Եհան ի նմին քաղաքէ ասորեստանեայս քրիստոնեայս արս հինգ, քանզի եւ նոքա ի կապանս էին վասն անուանն Քրիստոսի. եհարց զնոսա բանիւք, եւ ոչ հաւանեցան երկիրպագանել արեգական: Չարչարեաց զնոսա գանիւ, եւ նոքա եւս առաւել ի նոյն միտս պնդեցան. կտրեաց զնոցա ունչս եւ զականջս, եւ ետ տանել յԱսորեստան, զի կայցեն ի մշակութեան արքունի: Երթային մեծաւ յաւժարութեամբ, իբրեւ այն՝ թէ մեծ պարգեւս գտեալ ի թագաւորէն:

Արդ եկն դարձեալ նոյն դահճապետն առ աշակերտըս սուրբ սպանելոցն, ընտրեաց երկուս ի նոցանէ, որ համեստագոյնք էին, առեալ մեկուսի յայլոցն եւ ասէ ցնոսա. «Զի՞նչ անուանք են ձեր»:

These six were martyred through their saintly and exemplary deaths on the 25th day of the month of Hrotits,[35] in the great wilderness of the land of Apar near the border of the city of Nishapur.

AGAIN CONCERNING THEIR CONFESSOR DISCIPLES

The blessed students had been imprisoned in the city, but a royal officer came and moved them out of the city.

He removed from the same city five Christian men from Assyria, who were also in fetters for the name of Christ; the officer interrogated them, but they did not consent to worship the sun. He caned them, yet they persisted more stubbornly; he cut off their noses and ears and took them back to Assyria, for they were royal farmhands. They went with great willingness, as though they had been given great gifts from the king.

Now this officer returned to the disciples of the holy martyrs, chose the two most modest from among them, took them aside and asked: "What are your names?"

---

35 *Hrotits:* December.

Եւ պատասխանի մինն եւ ասէ. «Առ ի ծնողաց ինձ Խորէն, եւ դմա Աբրահամ. իսկ ըստ շնորհատուր կարգիս՝ ծառայք Քրիստոսի եմք եւ աշակերտք երանելեացն, զոր սպանէք»:

Եւ պատասխանի դահճապետոն եւ ասէ ցնոսա. «Իսկ արդ զի՞նչ գործ է ձեր, եւ կամ բնաւ ո՞յր իսկ ածեալ է զձեզ այսր»:

Առ այս ետ պատասխանի Աբրահամ եւ ասէ. «Ջայդ ձեզ ի վարդապետաց մերոց արժան էր ուսանել. զի ոչ դուզնաքեայք ոք էին նոքա, այլ ունէին ստացուածս հայրենիս ըստ արժան բաւականին, ըստ նմին եւ սպասաւորս, էր որ իբրեւ զմեզ, եւ էր որ լաւագոյն քան զմեզ. որոց սնուցեալ եւ ուսուցեալ էր, ընդ նոսա եմք եկեալ: Քանզի եւ պատուէր իսկ ունիմք յաստուածատուր աւրինացն մերոց՝ սիրել զնոսա իբրեւ զուրբ ծնողս, եւ սպաս տանել նոցա իբրեւ հոգեւոր տերանց»:

Ցասեաւ դահճապետոն եւ ասէ. «Իբրեւ զանխրատ եւ զաներկիւղ ստամբակս խաւսիս: Մինչդեռ ի խաղաղութեան եւ յաշխարհի էիք, բարիոք էր. յորժամ գրուահ եղեն նոքա յիրս արքունի եւ մահապարտ գտան ըստ գործոց իւրեանց, ձեզ չէր արժան ամենեւին մաւտ երթալ առ նոսա: Ո՞չ տեսանէք ի մեծ կարաւանիս. յորժամ ոք ի պատուաւորացն ի դիպահոջն արքունի լինիցի, ազգոյ հանդերձ ազանի, եւ զատեալ եւ որոշեալ ի բացէ նստի միայնիկ, եւ ամենեւին հուպ ոչ ոք իշխէ երթալ առ նոսա: Եւ դու այդպէս իբրեւ զանյանցի աշակերտ պարծելով խաւսիս»:

One of them responded and said: "By my parents I was named Khoren, and he, Abraham; and according to our rank, given by the grace of God, we are servants of Christ and disciples of the blessed men whom you killed."

The officer replied: "Now what are you doing here, or who sent you?"

To this Abraham responded and said: "It was fitting for you to learn that from our teachers, for they were not trivial persons and they had ancestral possessions of estimable worth, as well as servants—some like us, and others better than us—whom they nourished and taught, and with whom we have come. For we have an order according to our God-given religion to love them as our holy parents, and to serve them as spiritual lords."

The officer was enraged and said: "You speak like incorrigible and fearless scoundrels. While you were in peace and in your country, it was well; when they were found guilty in the affairs of the court and sentenced to death because of their deeds, you were not to go near them. Don't you see in the great caravan, that when a grandee is imprisoned by the king, he wears mourning apparel, is separated from the others and kept in solitary confinement, and no one goes near him? Yet you speak haughtily as though you were the disciple of an innocent man."

Առ այս ետ պատասխանի Խորէն եւ ասէ. «Ոչ ձեր կարգդ անիրաւ է եւ ոչ մերս ստութեամբ. նախարարն յանցաւոր՝ ուստի զպատիւն գտեալ էր, այնպէս պարտ էր նմա հպատակ լինել, զի ի պատուոյն վերայ եւ այլ եւս պարգեւս մեծամեծս գտանէր ի նմանէ: Արդ փոխանակ զի զայն չարար, ձախողակի յետս ընդդէմքն պատահեաց նմա: Եւ մեր վարդապետքն եթէ առ Աստուած յանցուցեալ էին, եւ կամ առ թագաւորն մեղուցեալ ինչ էին, նոյն աւրինակ եւ մեք առ նոսա առնէաք. ոչ յաշխարհի մաւտ երթայաք, եւ ոչ ի տարաշխարհի այսր զհետ նոցա գնայաք: Արդ քանզի առ երկոսին կողմանսն արդարութեամբ կեցեալ են, եւ դուք զուր տարապարտուց սպանէք զնոսա, մեք արդ եւս առաւել սպասաւորեմք սուրբ ոսկերաց նոցա»:

Ասէ ցնա դահճապետն. «Ես յառաջագոյն իսկ ասացի՝ եթէ կարի ստամբակ ոմն ես դու. ահա յայտ եղեւ աւադիկ, եթէ յամենայն վնասս նոցա խառն էք դուք»:

Աբրահամ ասէ. «Ո՞ր վնաս»:

Դահճապետն ասէ. «Առաջին ի մահ մոգացն, ապա եւ յայլսն ամենայն»:

Աբրահամ ասէ. «Այդ ոչ միայն ի մէնջ է, այլ ըստ կարգի եւ ձերոց աւրինացդ. թագաւորք ձեզ տան հրաման, եւ դուք ի ձեռն ձերոց սպասաւորացդ գործէք»:

To this Khoren responded and said: "It is not that your way is unjust and ours is false; the guilty nakharar ought to have subjected himself to him, that upon his honor he might find yet greater presents. But since he did not do that, adversity befell him. And if our teachers had transgressed against God, or had somehow done the king wrong, we would have requited them; we would not have gone near them in our country, nor would we have followed them abroad here. Yet because they stood in righteousness in both respects, and you wrongly killed them in vain, we are attending all the more to their bones."

The officer said to them: "I already said that you are a very unruly person; but now it is clear that you were involved in all the harms they caused."

Abraham said: "What harms?"

The officer said: "First, in the deaths of the magi, and then in all the other things."

Abraham said: "That is not only because of us, but in turn according to your laws; kings give you an order, and you yourselves carry it out through your servants."

Դահճապետն ասէ. «Ի Միհր աստուած երդուեալ իմ. խստագոյն եւս խաւսիս քան զվարդապետսն քո. յայտ է եթէ վնասակարագոյնք եւս էք դուք: Արդ ոչ է հնար ձեզ ապրել ի մահուանէ, բայց եթէ երկիր պագանէք արեգական, եւ կատարիցէք զկամս աւրինաց մերոց»:

Խորէն ասէ. «Ցայժմ իբրեւ զմարդ չարախաւսէիր, եւ արդ իբրեւ զշուն անպիտան ընդ վայր հաչես: Եթէ գոյր արեգական ականջք, դու տայիր նմա թշնամանս դնել. արդ նա բնութեամբ անզգայ է, եւ դու չարութեամբ անզգայագոյն քան զնա: Ցի՞մ տեսեր զմեզ պակասագոյն քան զհարսն մեր. մի՛ բանիւք զփորձ առնուլ կամիս զմեր, այլ հանդէս արա քում չարութեանդ եւ մերում բարութեանս, եւ ամաչեցեալ զտանի հայրն քո սատանայ, ոչ միայն ի մէնջ, որ կատարելագոյնքս եմք, այլ եւ որ կարի փոքրիկն թուիցի քեզ՝ նա դիցէ վէրս սաստիկս յոգիս եւ մարմինս քո»:

Զայս իբրեւ լուաւ դահճապետն, սրտմտեալ բարկացաւ ի վերայ նոցա: Ետ քարշել չարագոյն քան զառաջինսն. եւ այնչափ սաստիկ քարշեցին, մինչեւ բազմաց կարծիք եղեն ՝թէ մեռան:

Իսկ իբրեւ ժամք երեք ի վերայ անցին, դարձեալ խաւսել սկսան երկոքեանն եւ ասեն. «Փոքր համարիմք զանարգանս զայս եւ առ ոչինչ զցաւս մարմնոյս առ մեծ սէրն Աստուծոյ, որով կատարեցան հարքն մեր հոգեւորք: Հապա մի՛ դլար եւ մի ՛ դադարեր, այլ զոր ինչ առ նոսայն արարեր, զնոյն եւ առ մեզ կատարեա: Եթէ չարագոյն թուին քեզ գործքն նոցա, կրկին եւ զմերս համարեսջիր. զի նոքա բանիւք հրամայէին, եւ մեք գործովք զարդիւնսն կատարէաք»:

The officer said: "I swear to Mihrastvats that you speak more harshly than even your teachers; it is clear that you are even more mischievous than they are! Now it is not possible for you to be spared from death, unless you worship the sun and fulfill the will of our religion."

Khoren said: "Until now you accused us like a man, and now you bark down at us like a useless dog. If the sun had ears, you would be hostile to it; but it is inanimate by nature, and you are even more insensibly pitiless than the sun. Do you see us as lower than our fathers? Do not resolve to tempt us with words, but take stock of your evil and our good, and your father Satan will be found ashamed—not only by us, who are more exemplary, but also by he who appears to be much smaller to you, who will wound your souls and bodies."

When the officer heard this, he was infuriated. He had them dragged more grievously than the previous ones. He had them dragged so violently that many thought that they had died.

After three hours, [Khoren and Abraham] began speaking again and said: "We consider this affront as trivial and our bodily pains as nothing next to the great love of God, for which our spiritual fathers were martyred. Do not stop, then, and do not hesitate; do to us just as you did to them. If you consider their deeds evil then consider ours twice as bad, because what they commanded with words we effected with our works."

Յայնժամ եւս առաւել զայրագնեցաւ ի վերայ նոցա, եւ հրամայեաց զմահու գան հարկանել: Եւ առ մի մի ի նոցանէ փոխեցաւ վեց վեց այր ի դահճացն. եւ մինչդեռ կիսամեռք յերկիր անկեալ դնէին, հրամայեաց զերկոցունց ականջս մաւտ կտրել: Եւ այնպէս բրեցին, որպէս թէ չիցէ լեալ ի տեղւոջն:

Զարթեան իբրեւ ի քնոյ ի սաստիկ հարուածոցն, սկսան աղաչելով պաղատանս մատուցանել, եւ ասեն. «Աղաչեմք զքեզ, քաջ զինուոր թագաւորին. կա՛մ կատարեա զմեզ իբրեւ զհարսն մեր մահուամբ, եւ կամ արա զպատուհասդ ըստ աւրինակի վերջնոցս: Զի ահա լսելիք մեր առողջացան զանախտաւորութիւն երկնաւոր, իսկ հոտոտելիքս դեռ եւս աստէն ի տեղւոջ կան յանցս չարչարանաց. մի՛ կիսապարգեւ առներ զմեզ յերկնից բարութենէն: Սրբեցեր զմարմինս մեր քարշելով, եւ զլսելիս մեր կտրելով. սրբեա եւ զռնգունս մեր հատանելով. քանզի որչափ տգեղս առնես զմեզ երկրաւորաւս, գեղեցկագոյնս առնես զմեզ երկնաւորաւն»:

Ետ պատասխանի հեզութեամբ դահճապետն եւ ասէ. «Եթէ եւ այլ յամեմ ես առ ձեզ մաւտ կալով, կարծեմ՝ եթէ եւ աշակերտէք զիս ի ձեր յամառութիւնդ: Զի ահա արդ եւ զխորհուրդս արքունի ի վեր հանեմ ձեզ: Յայդ վայր եղեւ հրաման պատուհասիդ ձերոյ, եւ ի վերայ դորին պատուհասի՝ երթալ ձեզ յԱսորեստան, եւ լինել ձեզ մշակ յարքունիս. Զի որ ընդ ձեզ հայեսցի՝ մի՛ ի դմին յամառութեան պընդեսցի ընդդէմ հրամանաց թագաւորին»:

Then he grew more exasperated at them and ordered them to be beaten to death. Six at a time the guard took turns beating them, and while they were fallen on the floor half-dead, he ordered both of their ears to be cut off close. They dug so much into their skulls, that it looked as though their ears had never been there.

Awakened as though from sleep from the violent beatings, they began pleading and imploring, saying: "Please, valiant soldier of the king, either execute us like our fathers, or punish us like you did the previous ones. For behold, our ears are cured by heavenly purity, but our noses are still in place throughout these tortures. Do not withhold a part of our heavenly goodness. You sanctified our bodies by dragging us and by cutting off our ears; now sanctify our noses by cutting them off—for as ugly as you make us on earth, that much more beautiful do you make us in heaven."

The captain of the guard replied mildly and said: "If I linger with you, I think that you will make a disciple of me by your stubbornness. Now, behold, I confess the royal counsel to you—so far, the king's command regarding your punishment has been carried out, upon which you are to go to Assyria as royal farmhands so that anyone who looks upon you is reminded not to assert himself so stubbornly against the king's command."

Ասեն ցնա երանելիքն. «Դու զմեր երկիրս կիսագործ թողեր. մեք յարքունի երկիրն կէսմարմնովք մերովք ոչ վաստակեմք»:

Իբրեւ զայս լուաւ դահճապետն, աղաչեաց զգլխ-ուորսն, որ տանէին զնոսա, եւ ասէ. «Միայն աստի դուք ա-ռէք գնացէք, եւ հասեալ յԱսորեստան՝ ուր կամ իւրեանց է եւ շրջեսցին»:

Այս են Հայոց խոստովանողք կատարեալք, որ զխե-ղութիւնն եւ զչարչարանսն խնդութեամբ ընկալան յան-ձինս իւրեանց: Եւ վասն զի վրիպեցին ի սուրբ մահուանէն, սգով եւ տրտմութեամբ երթային զերկայնութիւն ճանա-պարհին: Ոչ ծանր թուէին նոցա կապանք ոտիցն եւ ձեռա-ցըն, իբրեւ զայն՝ թէ ընդէ՞ր ոչ եղաք արժանի հաւասարել ընդ քաջ նահատակսն:

Եւ իբրեւ տարան հասուցին զնոսա յերկիրն Բաբե-լացւոց, ի գաւառ մի, զոր Շահուղ նանուանեն, թէպէտ եւ էին յարքունի պատուհասին, սակայն եւ յայտ եւ գաղտ մեծա-պէս ընկալեալ եղեն ի բնակչաց աշխարհին: Սակայն երա-նելիքն եւ յայնմ յոյժ տրտմագին էին, իբր այն՝ եթէ սակաւ վաստակեցաք եւ մեծապէս հանգչիմք. եւ հանապազ ի նմին զղջման կային: Եւ անդէն թեւակոխէին տեսանել զսուրբ կապանսն նախարարացն, լինել սպասաւոր մարմնաւոր պիտոյից նոցա: Իմացուցին զայս մեծամեծաց աշխարհին, որք էին ի նմին սուրբ ուխտի քրիստոնէութեանն: Եւ հաւան-եալ ամենեցուն մեծամեծաց եւ փոքունց՝ ազդ առնել ամե-նայն երկրին, զի հաճոյ թուեցի ամենեցուն՝ ի ձեռն մար-մընաւոր պիտոյիցն կցորդ լինել սուրբ կապելոցն ի հեռա-ւոր աւտարութեանն:

The blessed men said to him: "You left our land unfinished; we cannot labor upon the royal lands with one part of our bodies."

When the officer heard this, he implored the soldiers to take them, saying: "Only take them away from here and go; once they arrive in Assyria, they may go wherever they please."

These are the Armenian confessor-martyrs who accepted their mutilation and tortures joyfully in their souls. Yet because they fell short of saintly deaths, they went on their long journey with grief and sorrow. They did not consider the fetters on their ankles and wrists as heavy, but they thought: 'Why did we not become worthy of living up to the valiant martyrs?'

When they took them to the land of the Babylonians to a region called Shahugh, they were greatly received, both openly and in secret, by its inhabitants, even though they were subjected to punishment by the king. However, the blessed ones were very sad, because 'we worked little, yet rest greatly'; they were constantly in this remorseful state. There, they tried to see the holy chains of the nakharars in holy chains and to serve their material needs. They made this known to the magnates of the land who were of the same Christian covenant. And they all, great and small alike, consented to spread the word, that all to whom it seemed acceptable may partake with the holy prisoners from far away to serve their material needs.

Եւ այսպէս ամ յամէ ժողովէին՝ ըստ իւրաքանչիւր կարի մարդկանն, ոմն սակաւ եւ ոմն շատ, ոյր զինչ եւ ի ձեռս պատրաստութիւն լինէր, եթէ դրամոց եւ եթէ դահեկանաց, ժողովէին կազմէին տային յերանելիսն՝ տանել նոցա: Եւ այսպէս յարբաննեկութեան կային, մինչեւ տասն ամն լցաւ սպասաւորութեանն:

Եւ վասն զի յոյժ խստագոյնս պահէին ի ջերմոջ աշխարհին, եւ անդադար էին ի ճանապարհորդութեանն ընդ նոյն Շահուղ, ընդ Մեշովն եւ ընդ Քաշկար եւ ընդ ամենայն Ասորեստան եւ Խուժաստան, սաստիկ տապով հարեալ ի խորշակէ մեռանէր սուրբն Խորէն, եւ աւանդեալ լինէր ի բնակչաց աշխարհին ընդ սուրբ վկայսն: Իսկ երանելին Աբրահամ կայր ի նմին առաքինութեան անդադար. եւ զամենայն տուրս հաւատացելոցն շրջէր ժողովէր եւ տանէր ի մեծ հեռաստանն, եւ ինքն մատակարարէր ըստ իւրաքանչիւր կարաւտութեան: Եւ այնպէս յերկարեցաւ մինչեւ յերկոտասաներորդ ամն պատժաւորացն, մինչեւ աղաչել զնա միաբան ամենեցուն, զի հաւանեսցի երթալ յաշխարհին Հայոց. զի ընդ մտանել նորա առ նոսա՝ ի նմա տեսցեն եւ զքաջ նահատակսն, որք կատարեցան սրով, ի նմա տեսցեն եւ զսուրբ կապանս չարչարանացն:

And thus they gathered from year to year, and according to the abilities of each, whatever they had on hand—be it with little or much, with *drams* or *tahekans*—they collected and gave to the blessed ones to deliver [to the imprisoned nakharars]. And thus, they served in this capacity until their ten-year period of servitude was completed.

And because they were kept in severe conditions in that sweltering country, and were constantly in transit through Shahough, Meshov, Kashkar, all of Assyria and Khuzhastan, Saint Khoren, who was struck by the sweltering heat, died and was buried by the inhabitants of the land beside the holy martyrs. But blessed Abraham remained steadfastly and unceasingly in the same virtue. He went around and collected donations from the faithful, took them abroad, and he himself administered the alms to each according to his needs. Thus, the work continued until the 12th year of his punishment when they all unanimously begged him to go to Armenia, so that when he went into the country among the people, they may see in him the valiant nahataks who were martyred by the sword and that through him they may see as well the holy fetters of their tortures.

Եւ յորժամ մարտիրոսք եւ խոստովանողք եւ կապեալք նովաւ տեսանին, նովաւ արհնի աշխարհն ամենայն, նովաւ արհնին եւ տղայք նոցա յաճումն, նովաւ զգաստանան երիտասարդք նոցա ի սրբութիւն, նովաւ համեստանան ծերք նոցա յիմաստութիւն, նովաւ ուսանին իշխանք նոցա զմարդասիրութիւն, նովաւ անկանի գութ յԱստուծոյ ի սիրտ թագաւորին ՝ շինել եւ խաղաղութիւն առնել բոլոր աշխարհին: Նովաւ եկեղեցիքն պարծին իբրեւ քաջ եւ կատարեալ զինուոր, նովաւ վկայարանքն զարդարին, նովաւ եւ վկայքն ցնծացեալ բերկրին: Նովաւ եւ դաշտն Աւարայրի պայծառացեալ ծաղկալից լինի, ոչ յանձրեւաբեր ամպոց, այլ ի սուրբ եւ յարիւնաբուխ վկայից ցանեալ եւ ցրուեալ սպիտակութիւն սուրբ ոսկերացն: Յորժամ կոխեսցեն ամենավաստակ ոտք խոստովանողին զլայնատարած տեղիս պատերազմին, թէպէտ եւ երկիր իցէ ըստ բնութեան, յորժամ կենդանի մարտիրոս ընդ նա շրջեսցի, կենդանի առ կենդանիս երթեալ՝ ամենայն աշխարհին կրկին լինի կենդանութիւնն:

«Գիտեմք, ասեն, յորժամ տեսցեն զսա ամենայն միայնակեացք աշխարհին Հայոց, սովաւ յիշեսցեն զհօգեւոր զունդս պատերազմողացն, որ փոխանակ մեր, ասեն,

When the martyrs, confessors and prisoners are seen through him, through him does the whole land become blessed, through him do their children become blessed and multiply, through him do the young develop holiness, through him do the old become modest in their wisdom, through him do princes learn graciousness, through him does the mercy of God enter the heart of the king and cultivate and bring peace to all the land, through him do the churches boast as valiant and perfect soldiers, through him are the martyr shrines adorned and do the martyrs rejoice, through him does the plain of Avarayr shine in full bloom—not through the precipitating clouds, but through the holy, flowing blood of the martyrs and the whiteness of their scattered holy bones. Though the land accords to nature, when the indefatigable feet of the confessor, or the living martyr, tread on the vast battlefield, then life attracts life, and all the land comes back to life.

'We know,' they say, 'that when all the monks of the land of the Armenians shall see him, through him they shall recall the spiritual host of the warriors, who in our place,' they say,

ետուն զանձինս ի մահ, եւ հեղին զարիւնս իւրեանց ի հաշտութիւն պատարագ Աստուծոյ: Սովաւ յիշեցեն զուրբ քահանայսն, որք խողխողեցան յաւտարութեանս եւ ցածուցին զարտմտութիւն բարկութեան թագաւորին: Սովաւ թերեւս եւ զմեր կապանս յիշեցեն, եւ աղաւթս առնելով խնդրեսցեն յԱստուծոյ զի գերէդարձ լիցի մեզ անդրէն ի հայրենի երկիրն մեր: Քանզի յոյժ անձկացեալ եմք՝ ոչ միայն ըստ մարմնոյ կարաւտութեան, այլ առաւել տեսանել զուրբ եկեղեցիսն մեր եւ զսրբասէր պաշտաւնեայսն մեր, զոր ի նմա կարգեալ հաստատեցաք: Եւ եթէ միւսովս յաջողեսցէ մեզ Աստուած երթալ եւ լնուլ զկարաւտութիւն մնացելոցն, գիտեմք զի եւ մեզ բանայ Աստուած զդուռն ողորմութեան իւրոյ՝ ընդ նոյն ճանապարհ երթալ, ընդ որ ուրք սրբոյս կարապետեն»:

Զայս խորհուրդ խորհելով աստուածաշնորհ նախարարացն՝ մեծաւ թախանձանաւք ածէին զխոստովանողն ի հաւանութիւն: Եւ վասն զի ոչ էր սովորութիւն երբէք բարւոյն ընդդէմ դառնալ, ըստ առաջին սովորութեան եւ յայսմ վայրի փութացաւ վաղվաղակի կատարել զհրամանն զմիաբան հաւանեցելոցն յաստուածային առաքինութիւնն: Եկն եմուտ յաշխարհն Հայոց Մեծաց:

'gave themselves over to death, and spilled their own blood as a propitiatory sacrifice to God. Through him will be recalled the holy priests who were slaughtered abroad and subdued the king's fury. And through him, perhaps, they will remember our bonds and pray to God to have us return to our homeland freed of captivity. For we are in longing, not only for material wants, but more so to see our holy churches and our God-fearing ministers who we appointed through him. And if by God we succeed in going back and fulfilling the wants of the survivors, we know that God will open the doors of His mercy for us to travel along the same road on which the saints preceded us.'

Thinking these thoughts, the nakharars, who were filled with the grace of God, drove the confessor to consent with great entreaties. And since he was not disposed to turning against goodness, here, too, he naturally made haste to fulfill the command of their unanimous agreement in divine virtue, and he came to Greater Armenia.

Փութացան եւ ելին ընդ առաջ նորա վաղվաղակի արք եւ կանայք, մեծամեծք եւ փոքունք, եւ ամենայն բազմութիւն ազատաց եւ շինականաց: Անկանէին եւ փարէին զոտիւք եւ զձեռաւք առաջի սրբոյն եւ ասէին. «Աւրհնեա՜լ Տէր Աստուած ի բարձունս, որ առաքեաց մեզ զհրեշտակ յերկնից՝ բերել մեզ զաւետիս յարութեան, զի լինիցիմք ժառանգք արքայութեան: Զի ահա ի քեզ կերպարանեալ տեսանեմք զամենեսեան զհրաժարեալսն յուսով յարութեամբ, եւ զկապեալսն ակնկալութեամբ արձակելով: Ի քեզ տեսանեմք եւ զաշխարհիս շինութիւն խաղաղութեամբ. քեւ եկեղեցիքն մեր ցնծացեալ բերկրին, եւ քեւ սուրբ վկայքն մեր անդադար լիցին մեզ ի բարեխաւսութիւն առ Աստուած: Աւրհնեա՜ զմեզ, սուրբ հայր մեր. դու ես բերան հանգուցելոցն, խաւսեաց ընդ մեզ յայտնի աւրհնութեամբ, զի յոգիս մեր լուիցուք ի ծածուկ զաւրհնութիւնս սրբոցն:

«Հորդեցեր ճանապարհ այնոցիկ, որ անձկացեալ էին գալ յերկիր իւրեանց. խնդրեալ Աստուծոյ զի ստէպ եկեսցեն զհետ սուրբ կարապետիդ: Եւ որպէս հորդեցեր զարգելեալ ճանապարհ երկրի, բա՛ց եւ յերկինս զդուռն աղաւթից մերոց, զի եւ մեր մեղաւորաց մտցեն պաղատանք առաջի Աստուծոյ ի բարեխաւսութիւն նոցին կապելոց. եւ մինչդեռ եմք յելանելի մարմինս, որպէս տեսաք զքո զերանելի սրբութիւնդ, տեսցուք եւ զսիրելի անձկալիսն մեր, որ ի բազում ժամանակաց հարեալ եւ պաշարեալ եմք յոգիս եւ ի մարմինս մեր: Արդ հաւատամք յանսուտ յոյսն, զի որպէս լցեալ կատարեցաւ մեծ տեսիլս ի սուրբ սէր քո, այսպէս եւ ընդ մաւտոյ ունիմք տեսանել զճշմարիտ վկայսն Քրիստոսի, որ հանապազ խանդակաթ եմք ի տեսիլս երկնաւոր գեղոյ նոցա»:

Suddenly, men and women, great and small, and the whole crowd of nobles and peasants hurried and came to meet him. They fell before him and embraced the feet and hands of the saint, and said: "Hosanna to God in the highest who sent us this angel from heaven to bring us the promise of resurrection, that we may become heirs to the heavenly kingdom. For behold we see in you the likeness of all those who have departed with hope of resurrection and the prisoners with expectation of being set free. Through you we see the country developed in peace. Through you will our churches rejoice, and through you will our holy martyrs ceaselessly intercede for us to God. Bless us, our holy father, you are the mouth of the departed; speak to us with clear blessings that our souls may hear the secret blessings of the saints.

"You have prepared the road for those who long to come to their country; ask of God that they quickly follow you as their holy forerunner. And as you prepared the forbidden road to earth, open the gates of our prayers to heaven too, so that we sinners enter in supplication before God in intercession for those who are imprisoned. And while we are in these fleeting bodies, and as we have seen your blessed holiness, may we also see our longed-for beloveds, as we have for a long time in our battered and besieged bodies. Now we believe in the unfalse hope, that as our great vision of your holy love was fulfilled, so too will we closely witness the true martyrs and witnesses of Christ, whose heavenly beauty we are ever disposed to see."

Բայց երանելի խոստովանողն, թէպէտ եւ այսպէս սիրով ընկալեալ եղեւ յամենայն աշխարհէն, ոչ ինչ կամեցաւ ամենեւին մերձենալ առ ոք ըստ մարմնոյ կարաւտութեան. այլ ընտրեաց իւր տեղի մի զատ յամենայն բազմամբոխ ժողովրդոց, եւ առաքինի եղբարբք երիւք կատարեաց զկեանըս իւր մեծաւ ճգնութեամբ:

Զոր եթէ կամիցի ոք ի կարգ արկանել, դժուարաւ կարասցէ ասել զվարս առաքինութեան նորա: Զի եթէ զտքնութիւնն ասիցես, իբրեւ զկանթեղ անշէջ կայր զամենայն գիշերս. եւ եթէ զսակաւապիտութիւնս կերակրոցն, համարեաց՝ եթէ զանկերակուր հրեշտակացն բերէր զնմանութիւն: Եթէ զհեզութիւն ցածութեանն կամիցիս ասել, ոչ զոք ի կենդանեաց կարիցես գտանել նման նմա. եւ եթէ զանընչասիրութիւնն կամիցիս ասել, դարձեալ զոր աւրինակ չպատրի մեռեալ ի կարասի, զնոյն աւրինակ ճշմարտութեամբ եւ առ երանելին իմասջիր:

Անյագական ձայնիւ հանապազորդեալ էր ի պաշտաման, եւ անհատ աղաւթիւք միշտ ընդ Աստուծոյ ի բարձունս խաւսէր: Աղ եղեւ նա անհամելոց, եւ խթան ընդ ոստուցիչ ամենայն հեղգացելոց: Դարովեցաւ նովաւ ազահութիւն, եւ կարի յոյժ ամաչեաց նովաւ շուայտութիւն որկրամոլութեան: Առողջութիւն եղեւ նա աշխարհիս Հայոց, եւ բազում վիրաւորք ի ծածուկ նովաւ գտին զառողջութիւն: Եղեւ նա վարդապետ կատարեալ վարդապետաց իւրոց, եւ սուրբ հայր խրատտու հարանց իւրոց: Ի լուր համբաւոյ նորա իմաստնացան տգէտք, եւ ի տեսիլ մերձաւորութեան նորա զգաստացան լկտիք: Բնակեալ էր ըստ մարմնոյ ի նեղ խցկան, եւ ահ սրբութեան նորա անկեալ էր զհեռաւորաւք եւ զմերձաւորաւք: Զարհուրեցան դեւք եւ փախեան ի նմանէ, իջին հրեշտակք եւ բանակեալ էին զնովաւ:

But despite being received so fondly by the entire country, the blessed confessor did not wish to approach anyone out of material wants, but rather chose to live on his own somewhere apart from the masses, and fulfilled his life with great asceticism along with three virtuous brothers.

Yet anyone who wishes to relate his virtuous conduct shall hardly succeed. For if one should speak of his vigil, it was there every night like an inextinguishable lamp; or of his abstemiousness from food, one would consider him to be like the foodless angels. If you would speak of his meekness and humility, you shall find no one among the living in his likeness; and if you would speak of his contempt for material things, just as the dead are not deceived by material things, understand that it was truly the same for that blessed man.

He remained steadfast in service with an insatiable voice and always spoke to God in the highest with ceaseless prayer. He became salt for those who had lost taste and a goad to all idlers. Through him was greed cursed and through him were those with untampered gluttony shamed. He became health to Armenia and through him did many of the wounded ones secretly recover. He became a perfect teacher unto his teachers and an instructive holy father unto his fathers. By word of his reputation the ignorant became wise and by seeing him in proximity, the prurient became modest. Physically he lived in a small cell and fear of his holiness fell upon those far and near. Demons were terrified of him and fled from him, and an army of angels surrounded him.

Ցոյնք երանի ետուն վասն նորա աշխարհին Հայոց, եւ բազում բարբարոսք փութացան տեսանել զնա մարմընով: Սիրելի եղեւ նա սիրելեաց Աստուծոյ, եւ զբազումս ի թշնամեաց ճշմարտութեանն էած ի հաւանութիւն սուրբ սիրոյ: Սկիզբն արար առաքինութեանն անդստին ի տղայ տիոց իւրոց, եւ նովին առաքինութեամբ կատարեցաւ ի վախճան կենաց իւրոց: Որպէս ոչ խառնեցաւ ի կարգ սուրբ ամուսնութեան աշխարհիս, այսպէս չեմուտ ընդ մարմնաւոր պիտոյիւք ամենայն ապականացու իրաց աշխարհիս: Եւ եթէ պարտ է պարզաբար ասել, որպէս փոխանակեաց զպէտս մարմնոյ ընդ պիտանացու հոգեւոր իրաց, այսպէս փոխադրեալ եղեւ յերկրէ ի յերկինս:

ԱՆՈՒԱՆՔ ՆԱԽԱՐԱՐԱՑՆ

Որք կամաւք յաւժարութեամբ վասն սիրոյն Քրիստոսի ետուն զանձինս ի կապանս արքունի.

Յազգէն Սիւնեաց երկու եղբարք Բաբգէն եւ Բակուր:

Յազգէն Արծրունեաց Մերշապուհ եւ Շաւասպ եւ Շնգին եւ Մեհրուժան եւ Պարգեւ եւ Տաճատ:

Յազգէն Մամիկոնէից Համազասպեան եւ Համազասպ եւ Արտաւազդ եւ Մուշեղ:

Յազգէն Կամսարականաց Արշաւիր եւ Թաթ, Վարձ, Ներսեհ եւ Աշոտ:

Յազգէն Ամատունեաց Վահան եւ Առանձար եւ Առնակ:

Յազգէն Գնունեաց Ատոմ:

The Greeks delivered blessings to Armenia on his account and many barbarians hastened to see him in the flesh. He became beloved among God's beloveds, and the many enemies of truth he brought to consent to holy love. He first received virtue in the days of his boyhood and in the same virtue did he expire at the end of his life. Just as he did not partake in the worldly order of holy matrimony, so too did he did not get involved in any of the corruptible things of this world out of physical wants. And if it must be said plainly, just as he exchanged the needs of his body for the needs of his soul, so too did he transport from earth to heaven.

THE NAMES OF THE NAKHARARS

Who willingly submitted themselves into royal captivity out of their love for Christ.

From the Siwnik azg, two brothers, Babken and Bakur,

From the Artrsunik azg, Mershapuh, Shavasp, Shngin, Meruzhan, Pargev and Tachat,

From the Mamikonian azg, Hamazaspean, Hamazasp, Artavazd and Mushegh,

From the Kamsarakank azg, Arshavir, Tat, Vardz, Nerseh and Ashot,

From the Amatunik azg, Vahan, Arandzar and Arnak,

From the Gnunik azg, Atom,

Յազգէն Դիմաքսենից Թաթուլ եւ Սատոյ, երկու եւս այլովք ընկերաւք:

Յազգէն Անձեւացեաց Շմաւոն եւ Ջուարէն եւ Առաւան:

Յազգէն Առաւեղենից Փապակ եւ Վարազդէն եւ Դատ:

ՅԱրծրունեաց տոհմէն Ապրսամ:

Ի տոհմէն Մանդակունեաց Սահակ եւ Փարսման:

Յազգէն Տաշրացեաց Վրէն:

Ի Ռափսոնեան տանէն Բաբիկ եւ Յոհան:

Այս երեսուն եւ հինգ արք, են որ յաւագ նախարարացն, եւ են որ ի կրսերագունիցն, սակայն ամենեքեան ըստ մարմնոյ են նախարարազունք, իսկ ըստ հոգեւոր առաքինութեանն ամենեքեան երկնային քաղաքացիք: Եւ բազում եւս այլ ազատ մարդիկ, են որ յարքունի տանէ, եւ են որ ի տանէ նախարարացն իսկ նոցուն, նիզակակիցք եւ մարտակիցք քաջ նահատակացն: Եւ ամենեքին սոքա կամաւք մատնեցան ի սուրբ կապանս չարչարանացն: Այլ մեք առ այժմ ոչ ընդ այս եմք զարմացեալ միայն, զի կամաւք չոգան մտին ի փորձութիւնն, այլ առաւել ընդ այն եմք սքանչացեալ, զի մարդիկ փափուկ իբրեւ զնոսա՝ ընդարձակաւուն բնակիչք ձիւնեղէն լերանց՝ եղեն բնակիչք խորշակաբեր դաշտաց: Որ զաւրէն ազատ էրէոյ շրջէին ի մէջ ծաղկաբեր լերանց, ընկեցան ի բոցակէզ աշխարհին արեւելից

From the Dimaksian azg, Tatul and Sato, together with two other companions,

From the Andzevatsik azg, Shmavon, Zvaren and Aravan,

From the Araveghenik azg, Papak, Varazden and Dat,

From the Artsrunik *tohm*, Aprsam,

From the Mandakunik tohm, Sahak and Parsman,

From the Dashratsik azg, Vren,

From the Rapsonian tun, Babik and Yohan,

These thirty-five men, some senior and others junior nakharars, were all nobles in the flesh and citizens of heaven in spiritual virtue. And many other nobles, some of whom were from the royal house and others from the houses of these nakharars, were allies and comrades-in-arms of the valiant nakharars. All of them willingly delivered themselves to holy imprisonment and tortures. But we are not merely surprised by the fact that they willingly went in the way of adversity—but much more, we are astonished because delicate men like them who had comfortably resided in the snowy mountains became inhabitants of sweltering plains, roamed the flowering mountains like free deer and fell into the scorching country of the East,

կապեալ ոտիւք եւ կապեալ ձեռաւք: Հաց նեղութեան եւ ջուր կարաւտանաց, խաւար արգել ի տուէ եւ անլոյս ի գիշերի, անվերարկուք եւ անանկողինք, գազանաբար գետնախշտիք լինէին զինն ամ եւ զվեց ամիս: Եւ այնպէս մեծաւ խնդութեամբ տանէին զնեղութիւնն, զի ամենեւին ոչ ոք տըրտունջ հայհոյութեան ի բերանոյ նոցա լուաւ, այլ յորդառատ գոհացողութիւն ըստ նմանութեան բարեկեցիկ մարդկան, որ են յաստուածպաշտութեան:

Եւ մինչդեռ էին յայնպիսի նեղութեան, կարծիք եղեն ի միտս թագաւորին, թէ առ յոյժ վշտին ձանձրացեալ են դառնութեան կենաւքն իւրեանց: Յղեաց առ նոսա զմեծ հազարապետն եւ ասէ. «Գոնեայ յայսմ հետէ զգաստացայք յանձինս ձեր, եւ մի՛ կայք ի նոյն յամառութեան. պագէք երկիր արեգական, եւ արձակիք ի չարաչար կապանացդ, եւ ունիք անդրէն զիւրաքանչիւր հայրենի կեանս ձեր»:

Ետուն պատասխանի երանելիքն եւ ասեն. «Առ փո՞րձ ինչ եկեալ հարցանես ցմեզ, եթէ արդարեւ թագաւորն իսկ յղեաց զքեզ»: Երդուաւ հազարապետն եւ ասէ. «Չիք այդր բան աւելի կամ պակաս, որ ոչ ի բերանոյ նորա ելեալ է»: Ասեն ցնա անդրէն. «Որք միանգամ աշակերտեալ են ճշմարտութեանն, ոչ երբէք փոխին ի նմանէ. այլ որ ենն՝ նոյն կան: Միթէ յայնժամ առ չիմանա՞լ ինչ պընդեցաք, եւ այսաւր նեղութիւնս իմաստնացո՞յ ցինչ զմեզ. այլ ոչ այնպէս: Այլ զղջումն մտաց մերոց այս է, եթէ ընդէ՞ր ընդ առաջինսն չկատարեցաք զկեանս մեր: Բայց արդ աղաչեմք զքեզ եւ քեւ զթագաւորն ձեր, մի՛ այլ վասն այդպիսի իրաց հարցանէք ցմեզ. այլ զինչ եղեալ է ի մտի ձերում վասն մեր՝ կատարեցէք»:

tied hand and foot. In need of bread and in want of water, locked in the dark day and night without light and without covers and beds, they lived like beasts sprawled over the ground for six years and nine months. They bore their troubles with such great joy that no one heard any grumbling or cursing from their mouths, but only abundant thanks, as though they were prosperous men in piety.

While they were in straits, the king thought that they had grown tired of the afflictions of their bitter lives. So he sent the great hazarbed to them and said: "Come to your senses and stop being so stubborn. Worship the sun and you will be released from your cruel imprisonment and resume your patrimonial lives."

The blessed men responded: "Have you come to question us as some sort of test or did the king really send you?"

The hazarbed swore and said: "That was not a word more or less than what came from his mouth."

They responded again: "Those who have become disciples of the truth will never deviate from it, but will remain steadfast—do you think that we did not know what we had committed to, and that today our troubles have suddenly made us wise? It is not so. Our regret is that we didn't live out our lives like those who preceded us. But now we exhort you, and your king—no longer question us regarding such matters, but rather carry out whatever you have determined to do with us."

Իբրեւ լուաւ զայս մեծ հազարապետն, յոյժ գովեաց ի միտս իւր զպնդութիւն հաստատութեան նոցա. եւ յայնմ հետէ սկսաւ արկանել սէր ընդ նոսա՝ իբրեւ ընդ սիրելիս Աստուծոյ: Եւ բազում բանիւք ողոքանաւք ածէր զթագաւորն ի հաւանութիւն, զի թողութիւն արասցէ նոցա ի կապանացըն իւրեանց: Զի թէպէտ եւ փոխեցաւ նա ի գործոյ հազարապետութեանն արքունի, եւ ի բազում իրս գտաւ վնասակար, ինքն իսկ յանձն իւր կրթէր զաւեր աշխարհին Հայոց, վասն որոյ եւ մեծաւ անարգանաւք յուղարկեցաւ ի տուն իւր, սակայն զկապելոցն ոչ երբէք չարախաւս կամէր լինել մինչեւ ցաւր վախճանի կենաց իւրոց:

Իսկ յերանելեացն բազումք ի նոցանէ, որ մանկագոյնքն էին, ուսան զդպրութիւն հայրենի աշխարհին իւրեանց, եւ եղեւ նոցա այն կերակուր հոգեւոր, որով զանձինս քաջալերէին եւ զընկերսն մխիթարէին: Եւ այնպէս զմայլեցան ի միտս եւ յոգիս իւրեանց, զի եւ որ ծերագոյնքն էին ի նոցանէ, փափկացան մատաղացան մանկացան: Զի թէպէտ եւ դպրութեան ժամանակքն անցեալ էին, սակայն բազում սաղմոսս ի բերան առեալ՝ հոգեւոր երգակից լինէին մատաղերամ բազմութեան մանկտւոյն:

Եւ այնպէս բարձրացուցանէին զպաշտաւնն սրբութեան, մինչեւ ոմանք ի դառն դահճացն մեծապէս քաղցրութիւն անկանէր ընդ լսելիս նոցա, եւ որչափ ի ձեռս իւրեանց էր՝ արտաքոյ արքունի հրամանին դիւրութիւն առնէին նոցա, եւ սէր խնամոյ ունէին առ ամենեսեան, եւ բազում անգամ զմարմնաւոր պէտս նոցա լնուին նոքա: Մանաւանդ զի նշանք եւս բժշկութեան յԱստուծոյ յաջողեալ լինէր ի ձեռս նոցա. որպէս զի բազում ի դիւահարաց սրբեցան ի նմին քաղաքի, ուր կապեալքն կային: Իբրեւ ոչ ոք գոյր առ նոսա քահանայ, դիմէին առ նոսա հիւանդք եւ ախտաժետք քաղաքին, եւ ընդունէին ի նոցանէ զիւրաքանչիւր ցաւոց զառողջութիւն:

When the great hazarbed heard this, he praised their firm commitment in his mind and began to shower them with affection as beloveds of God. With many words he entreated the king to consent to discharge them from imprisonment. Although he was relieved from his position as the royal hazarbed, he himself answered for Armenia's ruin, having been found culpable in many of its affairs, on account of which he was sent home with great dishonor. But he resolved not to malign the prisoners at all to the end of his days.

Yet the youngest among the blessed studied the literature of their paternal land, which became to them spiritual nourishment with which they encouraged themselves and solaced their friends. Thus, they were exalted in mind and spirit so that even the eldest among them delighted themselves and became more youthful. For although they were beyond the age of learning, yet filling their mouths with numerous psalms, they became spiritual accompanists with the multitude of the youths.

And they so exalted their holy worship to the point that some of the bitter tormentors were greatly mellowed by what they had heard, and worked outside of the royal command to the best of their ability to be able to give them comfort, affectionately took care of them all, and frequently satisfied their physical needs, especially because miracles of healing had succeeded by God through their hands so that many of those who had been possessed by the devil were purified in the same city where the prisoners were. As none of them were priests, the sick and diseased inhabitants of the city went to them, where each one was healed of his pains.

Նա եւ որ մեծ իշխանն էր աշխարհին, զոր եւ Հարեւշղոմ Շապուհ անուանէին, եւ նմա իսկ յանձն էին ամենայն պատժաւորքն, մեծապէս գութ սիրոյ էարկ առ ամենեսեան: Ձեռս ի նոցանէ առ հարս ունէր, եւ զմանկագոյնս ի նոցանէ իբրեւ զսիրելի որդիս գգուէր: Բազում անգամ գրեաց եւ եցոյց յարքունիս զվիշտս նեղութեան կապելոցն, եւ զառն առն իւրաքանչիւր զքարս ազնուականութեանն ցուցանէր նոցա. առաջի մեծամեծացն տառապէր, ջանայր ազգի ազգի հնարիւք, մինչեւ բազում բարեխաւսիւք ածին ի հաւան զթագաւորն: Հրամայեաց լուծանել զկապանս նոցա, եւ բառնալ ի նոցանէ զսուգ պատուհասին, եւ ագանել նոցա հանդերձ զարէն նախարարութեանն. կարգեաց նոցա ռոճիկ, եւ զպատրաստութիւն սպառազինութեանն հրամայեաց յարքունուստ: Գրեաց եւ յանձն արար մեծ սպարապետին, զի ընդ զաւրս արքունի երթիցեն ի գործ պատերազմի:

Եւ իբրեւ այս այսպէս կարգեցաւ, եւ կազմեցաւ նոր հրաման թագաւորին, ի բազում տեղիս՝ ուր եւ հասին՝ առաւելեալ գտան ի գործ արութեան, մինչեւ գովութեան հրովարտակ վասն նոցա ի Դուռն տային: Որպէս զի քաղցրացաւ իսկ մտաց թագաւորին, հրամայեաց զամենեսեան ածել զառաջեաւ: Եկին եւ յանդիման եղեն Յազկերտի արքայից արքային: Ետես զնոսա զուարթութեամբ, խաւսեցաւ ընդ նոսա բանիւք խաղաղութեամբ, եւ խոստացաւ տալ նոցա զիւրաքանչիւր իշխանութիւն ըստ կարգի հայրենի պատւոյն, եւ արձակել զնոսա յաշխարհն աւրինաւք քրիստոնէութեանն, յորոյ վերայ եւ մեծապէս էին չարչարեալ:

The great prince of the land, whom they called Harevsh-ghom Shapuh, and who was responsible for all the convicts, also had compassion for them all. The elders among them he treated like fathers and the juniors among them he caressed as his own beloved children. He wrote to the royal many times, demonstrating the afflictions and torments of the prisoners and pointing out the noble manners of each man; he suffered before the magnates, trying all manner of means to persuade the king, until, through many intercessors they succeeded, and the king commanded that they be freed from imprisonment, lifted out of the sorrows of their punishment and dressed as nakharars. He arranged stipends and commanded the court to prepare armaments for them. Then he wrote to the great sparapet, that they should march into war together with the royal army.

When this was all arranged and the new command of the king was established, it was sent out to many places where they abounded in virtuous work, so that hrovartaks of praise were sent to the Court pertaining to them. Hence, the king mellowed down and commanded that they all be brought before him, and came and stood before Yazdegerd, king of kings. He met with them cheerfully, spoke to them with words of peace, promised to grant each of them authority according to their ancestral rank, and to release them back to their country to be able to practice Christianity, on account of which they had been greatly tormented.

Եւ մինչդեռ անդէն մեծաւ խնդութեամբ շրջէին ի կարաւանին առաջի թագաւորին, ի նմին ժամանակի հասանէր վախճան կենաց թագաւորին՝ յիննեւտասներորդ ամի թագաւորութեանն իւրոյ: Եւ ընդ հակառակս ելեալ երկու որդիք նորա ի վերայ տէրութեանն կռուէին. սաստկանայր գործ դառնութեան պատերազմին զերկուս ամս:

Եւ մինչդեռ նոքա յայնմ խռովութեան էին, ապըստամբեաց եւ Աղուանից արքայն. վասն զի քեռորդի էր նոցա, եւ ըստ կարգի հայրենի հաւատոցն՝ քրիստոնեայ էր յառաջ, եւ Յազկերտ արքայից արքայ բռնի մոգ արար: Եւ նորա գտեալ ժամանակ անձինն պարապոյ, հարկեցաւ զանձն ի մահ դնել. լաւ համարեցաւ մեռանել ի պատերազմի, քան ուրացութեամբ ունել զթագաւորութիւնն: Վասն այսր ամենայնի յապաղումն եղեւ արձակելոյն նոցա յաշխարհն:

Իսկ կրտսեր որդւոյն Յազկերտի դայեակն, Ռահամ անուն ի Միհրան տոհմէն, թէպէտ եւ ետես զգունդն Արեաց ընդ երկուս բաժանեալ, սակայն կիսովն գազանաբար յարձակեցաւ ի վերայ երէց որդւոյ թագաւորին. հար, սատակեաց զգունդն, եւ ձերբակալ արարեալ զորդի թագաւորին՝ անդէն ի տեղւոջն հրամայէր սպանանել: Եւ զմնացեալ զաւրսն ածէր հաւանեցուցանէր, եւ առնէր միաբանութիւն ամենայն Արեաց գնդին. Եւ թագաւորեցուցանէր զիւր սանն, որում անուն էր Պերոզ:

While they were there in the king's company, his life came to an end in the 19th year of his reign. His two sons had a falling out with each other in a fight for supremacy, which grew into a bitter war that lasted two years.

While they were in such turmoil, the king of Aghuank rebelled, for he was their nephew, and he had been a Christian according to his ancestral faith until Yazdegerd [II], king of kings, forcibly made him into a Magian. Finding himself at a timely hour, he compelled himself to death, preferring to die in battle than to reign in apostasy. On account of all this, there was a delay in [the nakharars'] release back to their country.

Now the dayeak of the younger son of Yazdegerd named Raham, from the Mihran tohm, seeing that the Aryan regiment was split in two, waged a brutal attack against the king's older son with half the number of troops. He fell upon them, destroyed the regiment, arrested the king's son and ordered him to be summarily executed. Taking the remainder of the troops, he unified the whole army of the Aryans and enthroned his *san,* whose name was Peroz.[36]

---

36 Peroz I, 459-484.

Զի թէպէտ եւ Արեաց աշխարհին առնէր մեծապէս խաղաղութիւն, սակայն Աղուանից արքայն ոչ կամէր նուաճել անդրէն ի ծառայութիւն. այլ խրամատեաց զպահակն Ճորայ, եւ անցոյց յայնկոյս զզաւրսն Մասքթաց. միաբանեաց զմետասան թագաւորս զլեառնորդեայսն, եւ ընդդէմ եկաց պատերազմաւ Արեաց գնդին, եւ բազում վնաս արար զաւրացն արքունի: Թէպէտ եւ երկիցս եւ երիցս ետուն հրովարտակս աղաչանաց, ոչինչ կարացին ածել զայրն ի հաւանութիւն. այլ գրով եւ պատգամաւ յանդիմանէր զնոսա վասն զուր աւերածի աշխարհին Հայոց: Յիշեցուցանէր նոցա զմահ նախարարացն եւ զչարչարանս կապելոցն: «Ի վերայ այնչափ սիրոյ եւ վաստակոց, փոխանակ կեանս առնելոյ՝ զարեւ հատէք, ասէր: Լաւ լիցի ինձ, ասէ, զնոցա չարչարանսն յանձն իմ առնուլ, քան թողուլ զքրիստոնէութիւնն»:

Եւ իբրեւ տեսին, թէ ոչ բռնութեամբ եւ ոչ սիրով կարացաք ածել ի հաւանութիւն, զանձս սաստիկս ետուն տանել յաշխարհն Խայլանդրաց, բացին զդրունս Ալանաց եւ հանին գունդ բազում ի Հոնաց, եւ կռուեցան տարի մի ընդ Աղուանից արքայի: Թէպէտ եւ թաւթափեցան եւ ցրուեցան զաւրքն իւր ի նմանէ, սակայն զնա ոչ կարացին հնազանդել. այլ եւ հարուածք եւս մեծամեծք հասին ի վերայ նոցա, էր որ կռուով եւ էր որ ախտիւ չարչարանաւք: Եւ յայնչափ ժամանակաց ընդեր կարել պաշարմանն, մեծ կէս աշխարհին աւերեցաւ, այլ ոչ ոք ի նմանէ երկմտեալ բաժանեցաւ:

Although the land of the Aryans had attained great peace, the king of the Aghuans did not want to subject himself to servitude. So he broke through the gate of Chor and crossed over to the Maskutk, where he allied the eleven kings of the mountains, marched to battle against the Aryan troops, and inflicted great harm upon the royal troops. Although twice or thrice pleas were sent to him, they could not bring the man to consent; instead, he sent letters and messages scolding them for ruining Armenia in vain. He reminded them of the death of the nakharars and the tortures of the prisoners. "Upon so much of their affection and service, you took their lives instead of granting life," he said. "It would be better for me," he said, "to accept their tortures than to abandon Christianity."

When they saw that they could not persuade him, neither by force nor affection, they gave immense treasures to be sent to the land of the Khaylndurk, and they opened the Alan Gates and brought in a large force of the Huns and fought for a year with [Vache,] the king of Aghuank. Although his troops withdrew and dispersed from him, they were still unable to subdue him, though they inflicted great destruction upon them through combat and illness. And with the siege lasting such a long time, the greater half of the country was ruined, yet no one deserted him in doubt.

Ցղեաց առ նա դարձեալ թագաւորն Պարսից. «Զքոյրդ իմ, ասէ, եւ զքեռորդիդ ի բաց տուր ածել, զի ի բնէ մոգք էին եւ դու քրիստոնեայ արարեր, եւ աշխարհիդ քեզ լիցի»: Իսկ սքանչելի այրն ոչ ի տէրութեանն վերայ կռուէր, այլ յաստուածպաշտութեանն: Զմայրն եւ զկինն ետ տանել, եւ զաշխարհն բովանդակ ի բաց եթող. եւ ինքն զաւետարանն առ եւ յաշխարհէն ի բաց կամէր գնալ:

Զայս իբրեւ լուաւ թագաւորն, կարի զեղջ եւ ապաշաւ անկանէր ի միտս նորա, եւ զամենայն վնասս իրացն զհարբն իւրով արկանէր: Անսուտ երդումն կնքէր եւ տայր տանել առ նա, եթէ յաշխարհէդ միայն մի՛ գնար, եւ զինչ ասես առնեմ: Խնդրեաց զմանկութեան սեպհականն, զոր հայր իւրոյ շնորհեալ էր նմա ի տղայութեանն հազար երդ. էառ զայն ի թագաւորէն, եւ նստաւ ի նմա միայնակեցաւք հանդերձ: Եւ այնպէս հանապազորդեաց զինքն յաստուածային պաշտամանն, զի եւ չյիշէր ամենեւին, թէ եւ թագաւոր լեալ իցէ յառաջ:

Եւ այս ամենայն յերկար խռովութիւնք, որ եղեն մինչեւ ի հինգերորդ ամն Պերոզի արքայից արքայի, պատճառք եղեն չարձակելոյ նախարարացն Հայոց. այլ ռոճկաւ եւ ի տաճար մտանել յարքունիս մեծապէս առաւտացոյց քան զամաց սովորութիւնն:

The king of the Iranians [Peroz] sent to him again: "Release my sister and nephew, for they were naturally Magian and you made them Christians; then your land will be yours." But the magnificent man was not fighting for his dominion, but rather for piety. He had his mother and wife taken back [to Iran] and relinquished the entire country; then, he took up the Gospel and prepared to leave.

When the king [Peroz] heard this, he fell into a state of great regret and repentance, and threw the blame for all the harm on his father. He sealed a solemn oath and had it delivered to Vache, saying "just do not leave your country, and I will do whatever you say." [Vache] demanded what had been his since childhood—the thousand houses that his father had granted him as a boy. He took those from the king, settled in them with monks, and thus he persisted daily in piety so much that he could not even recall that he had once been king.

All these long-standing troubles which lasted until the fifth year of the reign of Peroz, king of kings, became grounds for not releasing the Armenian nakharars; but he profusely increased their stipends and visits to the royal palace over and above his annual custom.

Եւ ի նմին հինգերորդ ամին զբազմաց նոցա զկեանսն անդրէն շնորհեաց, եւ այլոցն առ յոյսն խոստացաւ՝ յամն վեցերորդ միանգամայն արձակել զամենեսեան կենաւք եւ պատուով:

Բայց ի տեղի այսր ինձ դարձեալ գալ պիտի:

Իսկ կանայք երանելի առաքինեացն եւ կապելոցն եւ անկելոցն ի պատերազմին՝ ընդ ամենայն աշխարհին Հայոց համաւրէն համարել ես ոչ կարեմ. զի բազում այն են՝ զոր ոչ գիտեմ, քան թէ գիտիցեմ: Զի հինգ հարիւրով չափ յակա-նէ յանուանէ ճանաչեմ. ոչ միայն որ աւագագոյնքն էին, այլ զբազումս ի կրսերագունաց անտի:

Ամենեքեան միահամուռ զերկրաւոր նախանձ բերե-լով՝ ոչ ինչ ընդհատ երեւեցան յայնցանէ, որ ոչ ճաշակեցին զաշխարհ: Քանզի եթէ աւագագոյնք էին եւ եթէ մանկա-գոյնք, զմի առաքինութիւն հաւատոյ զգեցան: Ոչ ինչ յիշե-ցին ամենեւին զանուն փափկութեան մայրենի ազատու-թեանն, այլ իբրեւ մարդք, որ վշտամբերք լեալ իցեն անդըս-տին ի շինական սովորութեանցն, տանջելով վարեալ զկե-անս աշխարհիս, անդրագոյնք եւս քան զնոսա յանձն առին զհամբերութիւն վշտաց:

In the same year, he granted a return to their [former] lives to many of the nakharars and promised hope to the rest that in the sixth year they would all be released at once with their former ranks and honors.

But to this point I shall return.

Yet I cannot count the numbers of the blessed wives of the valiant ones, or the prisoners and casualties of the war throughout Armenia because there are many more whom I do not know than those I do. For there are about five hundred whom I recognize personally, not restricted to the senior ranks, but also many among the junior ranks.

And they all, bringing forth heavenly zeal, did not appear deficient to those who have not tasted of this world. For the most senior and junior alike clothed themselves in one virtuous faith. They did not so much as recall the delicateness of their maternal nobility, but with even more patience than those who suffer in pain according to their bucolic customs they bore their struggles, struggling to conduct their worldly lives.

Ոչ միայն յոգիսն մխիթարեալ կացին առ աներեւոյթ զաւրութիւն յուսոյն յաւիտենից, այլ եւ մարմնոյ նեղութեամբք առաւել եւս բարձին զբեռն ծանրութեան: Զի թէպէտ եւ ունէին զիւրաքանչիւր ձեռնասուն սպասաւորս, ոչ ոք երեւէր ի նոցանէ ՝ թէ ո՛ր տիկինն իցէ եւ կամ ո՛ր նաժիշտն. մի հանդերձ էր հասարակաց, եւ միապէս գետնախշտիք երկոքեան: Ոչ ոք ումեք անկողնարկ լինէր. քանզի եւ չճանաչէին իսկ զխոտեղէնսն ընտրել ի միմեանց. մի գոյն թխութեան փսիրայիցն, եւ մի գոյն սեւութեան սնարից բարձիցն:

Ոչ գոյր նոցա խախամրքք անուշարար առանձինն, եւ ոչ հացարարք որոշեալ ի պէտս սպասու ըստ ազատաց կարգի, այլ հասարակաց էր: Շաբաթամուտն ըստ կարգի միայնակեցաց, որ յանապատս բնակեալ են: Ոչ ոք ումեք ջուր ի ձեռս արկանէր, եւ ոչ կրտսերք աւագաց դաստառակս մատուցանէին. չանկաւ աւշնան ի ձեռս փափկասուն կա-նանց, եւ ոչ մատուցաւ եւղ ի զուարթութիւն խրախութեան: Չեղան առաջի սուրբ սկտեղք, եւ ոչ անկան բաժակակալք յուրախութիւն. չեկաց ուրուք նոցա նուիրակ առ դուրս, եւ ոչ կոչեցան պատուականք յարանց ի տաճարս նոցա. չյիշեցան նոցա, թէ գուցէ ոք ամենեւին ի բնակաանունդ դայեկաց եւ կամ բնաւ ի սիրելի հարազատաց:

Փոշոտեցան եւ ծխոտեցան սրահակք եւ սրսկապանք նորեկ հարսանց, եւ սարդիոստայնք ձգեցան ի սենեակս առագաստաց նոցա. կործանեցան բարձրագահք տաճարաց նոցա, եւ խանգարեցան սպասք երախանաց նոցա. անկան կործանեցան ապարանք նոցա, եւ տապալեալ աւերեցան ամուրք ապաստանի նոցա: Չորացան ազազեցան բուրաստանք ծաղկոցաց նոցա, եւ տաշտախիլ եղեն որթք գինեբեր այգեաց նոցա:

Not only did they comfort their souls with the invisible power of their hope of eternity, but through their physical troubles they bore even greater burdens. For although each mistress had her own handmaid, one could not tell which was which, for there was one manner of clothing for all, and floor beds for both. They did not make one another's beds because they could not even tell their pallets apart. Their mats had the same dark shade and their pillows were the same shade of black.

They did not have their own chefs to make delectable foods for them, nor their own bakers to serve them according to their noble rank; life was rather communal. They passed the day before Sabbath like monks in a hermitage. No one laid a hand on water, and the juniors did not offer towels to the seniors. Soap did not touch the hands of the delicate women, nor were any perfumes brought to them for festive cheer. No spotless platters were placed before them, nor did they receive saucers for their merriment. No hired hand was sent to their door, nor were any venerable men sent to their palaces. They did not so much as recall their dayeaks nor their beloved relatives.

The curtains and linens of the newlyweds' bedrooms became dusty and ashy and cobwebs were left throughout. The lofty seats of their halls were destroyed, the tableware for their guests was broken; their palaces fell in ruins, and their strongholds of refuge were demolished and laid to waste. Their flower gardens dried up and withered away, and their viniferous vineyards were uprooted.

Աչաւք իւրեանց տեսին զյափշտակութիւն արարոց իւրեանց, եւ ականջաւք իւրեանց լուան զչարչարանս վշտից սիրելեաց իւրեանց. առան զանձք իւրեանց յարքունիս, եւ ոչ մնացին ամենեւին զարդք երեսաց իւրեանց:

Տիկնայք փափկասունք Հայոց աշխարհին, որ զրրգեալք եւ զգուեալք էին յիւրաքանչիւր բաստեռունս եւ ի գահաւորակս, համապազ բոկ եւ հետի երթային ի տունս աղաւթից, անձանձրոյթ խնդրեալ ուխտիւք, զի համբերել կարասցեն մեծի նեղութեանն: Որ ի մանկութենէ իւրեանց սնեալ էին ուղղովք զուարակաց եւ ամճովք էրէոց, խոտաբուտ կենաւք իբրեւ զվայրենիս ընդունէին զկերակուրն մեծաւ խնդութեամբ, եւ ոչ յիշէին ամենեւին զսովորական փափկութիւնն: Սեւացեալ ներկան մորթք մարմնոյ նոցա, վասն զի ցերեկ արեւակէզք էին եւ զամենայն գիշերսն գետնաբեկք:

Սաղմոսք էին մշտնջենաւորք մրմունջք ի բերանս նոցա, եւ մխիթարութիւնք կատարեալք ընթերցուածք մարգարէիցն: Միաբանեցին երկու երկու իբրեւ ամոլք հաւանք եւ հաւասարք՝ ուղիղ տանելով զակասն արքայութեան, զի առանց վրիպելոյ հասցեն ի նաւահանգիստն խաղաղութեան:

With their own eyes they witnessed the plunder of their own things, and with their own ears they heard the grievous torments of their loved ones. Their treasures were seized by the royal and no jewelry at all remained on their faces.

The delicate ladies of Armenia who were brought up in scarlet, each with her own basterna and palanquin, were now going barefooted into houses of prayer, tirelessly wishing to be able to endure their great troubles. The ladies, who, having been nourished on the brains of cattle and the tender meat of game from childhood, now lived on herbs, cheerfully receiving their portion like wild animals without recalling at all the delicate lives that they were accustomed to. Their skins blackened, for throughout the day they were exposed to the sun, and every night they slept on the floor.

Psalms were everlasting murmurs in their mouths and the readings of the prophets were perfect consolations. They paired up like willing and equal husbands and wives, leading the furrow to the kingdom [of heaven], that they unerringly reach the harbor of peace.

Մոռացան զկանացի տկարութիւն, եւ եղեն արուք ա-
ռաքինիք ի հոգեւոր պատերազմին. մարտ եղեալ կռուեցան
ընդ մեղսն կարեւորս, հատին կտրեցին եւ ընկեցին զմա-
հաբեր արմատս նորա: Միամտութեամբ յաղթեցին խորա-
մանկութեան, եւ սուրբ սիրով լուացին զկապուտակ ներկ-
ուածս նախանձուն. հատին զարմատս ագահութեան, եւ
չորացան մահաբեր պտուղք ոստոց նոցա: Խոնարհու-
թեամբ կոխեցին զամբարտաւանութիւն եւ նովին խոնար-
հութեամբ հասին երկնաւոր բարձրութեանն: Աղաւթիւք
բացին զփակեալ դրունս երկնից, եւ սուրբ խնդրուածովք
իջուցին զհրեշտակս ի փրկութիւն. լուան աւետիս ի հեռաս-
տանէ, եւ փառաւորեցին զԱստուած ի բարձունս:

Այրիք որ ի նոսա էին՝ եղեն վերստին հարսունք ա-
ռաքինութեան, եւ բարձին յանձանց զնախատինս այրու-
թեանն: Իսկ կանայք կապելոցն կամաւք կապեցին զմար-
մնաւոր ցանկութիւնս, եւ եղեն կցորդ չարչարանաց սուրբ
կապելոցն. ի կեանս իւրեանց նմանեցին քաջ նահատա-
կացն մահուամբ, եւ ի հեռաստանէ եղեն վարդապետք մխի-
թարիչք բանտարգելեացն: Մատամբք իւրեանց վաստա-
կեցին եւ կերակրեցան, եւ զկարգեալ ռոճիկ նոցա յար-
քունուստ՝ ամ յամէ թոշակ առնէին եւ տային տանել նոցա ի
մխիթարութիւն: Անարիւն ճիպռանց նմանեցին, որ երգոյն
քաղցրութեամբ առանց կերակրանաց կեան, եւ կենդանի են
միայն զաւդն ծծելով, զանմարմնոցն բերեն զնմանութիւն:

They forgot their feminine weakness and put on manly virtue in spiritual war, and in this war they battled against grave sins and cut down and threw away their deadly roots. They conquered artifice with artlessness and with holy love they washed away the blue stain of envy. They cut the roots of avarice so that the deadly fruit of its branches withered. They beat arrogance with humility, and with the same humility they reached heavenly heights. With prayers they opened the shut gates of heaven and with holy invocations they brought down the angels for their salvation. They heard the good news from afar and glorified God in the highest.

The widows who were among them once again became brides of virtue and removed from themselves the disrepute of widowhood.[37] The wives in shackles willingly shackled their physical desires and became partakers of the tortures of the holy prisoners; in their lives they were like unto the valiant nahataks unto death, and from afar they became teachers of comfort for the prisoners. With their own fingers they labored and nourished themselves, and reserving the stipends that they received from the royal treasury, year by year they collected these payments and had them sent to the prisoners for their comfort. They looked like bloodless orthopterids, who with their sweet song live without food, and exist by sucking in air in like bodiless beings.

---

37 Cf. Isaiah 54:4.

Բազում ձմերաց հայեցան սառնամանիք. եհաս գարուն եւ եկին նորեկ ծիծռունք. տեսին եւ խնդացին կենդաղասէր մարդիկ, եւ նոքա ոչ երբէք կարացին տեսանել զանձկալիսն իւրեանց: Ծաղիկք գարնանայինք յիշատակեցին զպսակասէր ամուսինս նոցա, եւ աչք իւրեանց կարաւտացան տեսանել զցանկալի գեղ երեսաց նոցա: Սպառեցան բարակք որսականք, եւ խցեալ կուրացան արշաւանք որսորդաց: Բնագրաւք յիշատակեցան նոքա, եւ ոչ մի տաւնք տարեկանաց ոչ ածին զնոսա ի հեռաստանէ. ի ճաշատեղս նոցա հայեցան եւ արտասուեցին, եւ յամենայն յատեանս յիշեցին զանուանս նոցա: Բազում արձանք կանգնեալ էին յանուն նոցա, եւ անուանք իւրաքանչիւր նշանակեալ ի նոսա:

Եւ իբրեւ այնպէս յամենայն կողմանց ալէկոծ լինէին միտք նոցա, ոչ ինչ կասեալ թուլացան յերկնաւոր առաքինութենէն: Արտաքնոցն երեւէին իբրեւ այրիք սգաւորք եւ չարչարեալք, եւ յոգիս իւրեանց զարդարեալք եւ մխիթարեալք երկնաւոր սիրով:

Ոչ եւս սովորեցին հարցանել զեկեալ ոք ի հեռաստանէ, եթէ ե՛րբ լինիցի մեզ տեսանել զսիրելիսն մեր. այլ այն էին իղձք աղաւթից նոցա առ Աստուած, եթէ որպէս սկսանն՝ քաջութեամբ ի նմին կատարեսցին լի երկնաւոր սիրովն:

Եւ մեք եւ նոքա հասարակ ժառանգեսցուք զքաղաքամայրն բարեաց, եւ հասցուք խոստացելոց սիրելեացն Աստուծոյ ի Քրիստոս Յիսուս ի Տէր մեր:

The ice of many winters melted; spring came, and with it, new swallows; the life-loving people saw this and rejoiced, but never again were they able to see those whom they had longed for. The flowers of spring reminded them of their faithful husbands and their eyes yearned to see their handsome faces. The hounds passed away and the hunting expeditions disappeared. They commemorated their husbands in epigraphs, yet not one of the annual feasts brought them back from afar. They looked around and wept upon their absence at the dining halls, and their names were recalled at all the *ateans*.[38] Many monuments were erected in their honor, with each of their names inscribed upon them.

And while their minds were thus tossed about in every direction, they never ceased from nor slackened their heavenly virtue. To observers they appeared as like mournful and suffering widows, yet their souls were adorned and consoled with divine love.

They were no longer accustomed to asking those who came from afar, 'When will we be able to see our beloveds?', for they avidly prayed to God to be able to fulfil what they started with the same strength and full of divine love.

And may we and they together inherit the capital of goodness and attain the promises made to the beloveds of God through Christ Jesus our Lord.

---

38 *ateans:* Courts or councils.

$\mathcal{I}$NDEX

INDEX

ՅԻՇԱՏԱԿԱՐԱՆ

Յաջողապէս կատարեցաւ թարգմանութիւնս Եղիշէի վարդապետի Պատմութիւն Սրբոցն Վարդանանցն ձեռնտուութեամբ Միքայէլի Պաննըրի, Ռապըրթի Պետրոսեանի, եւ Քիմպըրլեայ ՄըրՖարլէնի:

Յիշեցէք Աստուած. եւ նմա փառք յաւիտեանս:

Ամէն:

SOPHENE

Lightning Source UK Ltd.
Milton Keynes UK
UKHW012123070223
416656UK00008B/85

9 781925 937848